高校商务英语教学研究

胡 维 著

延邊大學出版社

图书在版编目（CIP）数据

高校商务英语教学研究 / 胡维著. -- 延吉 ：延边
大学出版社，2022.9
ISBN 978-7-230-03886-7

Ⅰ．①高… Ⅱ．①胡… Ⅲ．①商务－英语－教学研究
－高等学校 Ⅳ．①F7

中国版本图书馆 CIP 数据核字（2022）第 172385 号

高校商务英语教学研究

著　　者：胡　维
责任编辑：王　丹
封面设计：品集图文
出版发行：延边大学出版社
社　　址：吉林省延吉市公园路 977 号　　　　邮　　编：133002
网　　址：http://www.ydcbs.com
E-mail：ydcbs@ydcbs.com
电　　话：0433-2732435　　　　传　　真：0433-2732434
发行电话：0433-2733056　　　　传　　真：0433-2732442
印　　刷：北京宝莲鸿图科技有限公司
开　　本：787 mm×1092 mm　　1/16
印　　张：10　　　　　　　　　　字　　数：200 千字
版　　次：2022 年 9 月　第 1 版
印　　次：2023 年 10 月　第 1 次印刷
ISBN 978-7-230-03886-7

定　　价：68.00 元

前　　言

随着经济发展全球化的不断推进，建立世界范围内的合作共赢互助体系成为各国共同努力的目标，国际化的发展使得社会各界对跨境商务英语人才的培养越来越重视。

商务英语人才并不是单纯指毕业于商务英语专业的学生，而是真正具备跨国商务相关业务能力的人。高校商务英语专业是培养专业人才的摇篮，需要结合当前的时代背景、经济发展趋势和人才需求等，探索高校商务英语教学模式和方法的创新，推动商务英语人才培养的可持续发展。

为了达成教育目标，高校需要结合当前的发展趋势，做好商务英语专业教学改革，有效提升学生的专业能力和素养。高校不能只以成绩为培养和评价目标，而是要在确保学生具备充分的商务与英语知识储备的同时，具备处理涉外商务业务的能力。换言之，新时期的商务英语教育要从培养行业专业人才的目标出发，根据社会相关行业的人才需求来确定人才培养目标、制定人才培养方案，保证学生具备扎实的语言功底。

本书对高校的商务英语教学概述、商务英语教学的原则及理论、商务英语教学的发展、商务英语信息化教学、商务英语专业课程教学改革、商务英语语篇翻译教学，以及商务英语教学的应用等方面进行了阐述，对高校商务英语专业的教学创新策略进行了总结，希望能对高校人才培养及相关人员进行商务英语学习有所帮助。

目　　录

第一章 商务英语教学概述

商务英语是有专门作用的英语，其于 2012 年被教育部正式列入大学本科专业基本目录而受到更加广泛关注。现在，很多高校和专业学校都对商务英语进行了专门的分类，分出专业进行招生，以扩大商务英语的推广与广泛应用。因此，商务英语的概念、教育内容和教育方式方法等也受到了广泛重视，下面就对商务英语进行简单的阐述。

第一节 商务英语的内涵

一、商务英语定义的范围

英语的用途是多种多样的，如果英语用于商业过程，是属于特殊用途的，运用的时候是在特殊情景之下进行的特殊运用。所以，商务英语的教育教学模式有着本身的特殊特点。每个学生都有着自己的不同需要，应根据不同的情景与需要，运用教材的内容进行合理的教学，增强学生在特殊情景之下进行英语交流的能力。商务英语属于当代社会中有商业方向的一种，与平时人们所说的英语是有很大差异的。这些差异表现在多个方面，不仅包括英语教育内在的因素，还有英语教育的外部因素。商务英语虽然是在商业活动中可以运用到的英语，但不能说这种英语属于商业范畴。因此，商务英语属于英语的范畴界限是非常模糊的。商务英语既可以运用到商人的具体交易过程中，又可以运用到国家与国家之间，乃至全世界范围内的经济交流过程中。商务英语与普通英语不同，一般可以分为基础性的与专业性的。基础性的英语是关于英语的基本运用，如日常的生活用语、酒店入住、询问低价、进行报价和签订合同等方面；专业性的英语是指对英语在具体方面的运用，如涉及医药化工方面的英语、涉及物流的英语、生物的英语等方面。

多年来，国内外的学者和专家对于商务英语的界定与定义有过很多的研究与激烈的辩论，但至今为止都没有一个确切的定义。在我国高校，商务英语是作为一般商务用途英语为基础发展起来的综合性交叉科学，正在趋于专业规范化和学位授予弹性化发展的势头之中。整体来看，关于商务英语概念界定的论述多种多样，可以通过三部分来具体表达。有的专家认为，商务英语既然是人们在交流中产生的，那么就应该属于语言学科的范畴。还有很多专家认为，商务英语既然称为英语，必然属于英语的定义之内，还有学者则认为商务英语是特殊的英语，是运用到了特殊的情景之中的特殊英语，因此应该属于英语学与语言学的交叉学科的范围。

世界性英语理论研究主要集中在过去的三四十年。当时的学者以为商务英语与一般英语的区别仅仅在于需要掌握一些与商务有关的专业英语词汇。国内学者对商务英语概念的关注则在近十年间呈明显上升趋势。随着当今社会信息化与政治经济制度的改善与变革，不光是专家与学者，普通人也可以理解到商务英语并不是简单的英语，是随着社会潮流进行不断变迁的英语。关于商务英语的定义，我们也可以从以下几方面进行阐述。

第一，商务英语是关于商业与英语的媒体影响力的部分，是存在于特殊用途英语与一般普通英语之间的部分，既不属于非常特殊的英语，又不属于一般的英语，是一种适用于正常的工作交流的英语，甚至不涉及较高层次的语法。

第二，商务英语并不是一个具有坚实基础的学科，而是一个不断发展的实践过程，并且因为世界各地的情况和要求不同而具有多种形态。商务英语缘起于两种便利性：国际商务人士之间对于建立沟通途径的需求，适用于交流的语言为英语。对国际商务的需求由此产生了一种教学的框架，此框架可以用来指导商务英语学习。商务英语由语言知识和沟通技能两部分组成，其中，语言知识包括语法和词汇，沟通技能包括演讲、会议和电话技能。

第三，商务英语通俗地来说，就是一些商人为了使自身的利益最大化或者为了某些目的，根据行业的要求，在特定的社会与生活情境之下，通过某种口头语言形式进行沟通与交流，进而达到商业目的的活动。

第四，商务英语是有特殊作用的，并且运用于生活的较为特殊的方面，是属于英语的一个分支，着重强调商业的特殊情境，涉及众多范畴，是一种较为特殊的技能，如管理及其他入门级以上岗位所需要的表达能力和其他技能等。

第五，商务英语随着经济的增长与社会的发展在飞速地发展着，在世界经济与信息全球化的趋势下，商务英语的范围也越来越大，上至宏观的经济调控，下至每个个体户的买卖交流。

在不同的发展阶段中，学者的表述各有不同。综合来看，学者大多认同商务英语在ESP（专门用途英语）中的分支地位，同时肯定其在特定语境中需要用到交际能力和其他能力。我们不能一味地认为商务英语是简单的商务与英语的量的叠加，只注重数量的运用，因为它是以商业活动为主要内容进行的，以英语为基础的活动。在全球化的趋势下，商务英语涉及了很多方面，包括英语的知识与技能的学习、过程与方法的运用、情感态度与价值观的体会。商务英语具有自身的性质，是不同于其他任何英语的存在。

二、英语之商务部分研究

首先，商务英语归属语言学范畴。持这种观点的学者认为，商务英语和普通英语在理论上没有任何区别，都属于语言学的范畴，它并非一种有别于其他语言的特殊语言形式。

第一，商务英语不仅仅是以一般的根本性的英语为基础的，也不是对简单的英语的一种创新，有的人认为是一种非正常的英语，其实不然，它并不是完全特殊的英语。

第二，商务英语并非一种独立的专门语言，它只不过是在英语中增加了一些专门术语。商务英语和文学英语享有同样的词汇，但许多词义和用法都完全不同。

第三，商务英语是从事商务活动的人们在工作中使用的语言，商务活动参与者为达到各自的商业目的，遵循行业惯例和程序并受社会文化因素的影响，有选择地使用英语词汇、语法资源，运用语言策略，以书面和口头形式进行的交际活动系统。

第四，商务英语不是奇怪的英语，只是非常单纯的普通英语在特殊情境中的运用。

其次，商务英语属于ESP的一个分支。这一概念和"商务英语属于语言学范畴"基本上是一致的，专门用途英语本身就被看作是一种应用语言学。支持这一观点的学者众多。

第一，商务英语应该归属于专门用途语言的下属学科的一类。因此，它必须从专门用途英语的总体范畴之内来看待，因为它和所有专门用途英语分享相同的特征，如需求分析、语料选择等。

第二，商务英语可以看成是英语语言学、应用英语语言学、专门用途英语门下的一个四级学科。

第三，李红于 2005 年对于用途英语进行了分析，认为我国商务英语专业多属于 EGBP（English for General Business Purpose）这种一般商务用途英语之列，主要目的是在语言技能上加上一般的商务背景知识，但其专业性不强。

第四，2006 年，金晶华认为，商务英语应属于专门用途英语的范畴，并可以分为两类：一般商务用途英语（EGBP）和专门商务用途英语（ESBP, English for Specific Business Purpose）。

再次，商务英语至今没有找到属于自己的专业学科，因此还是归属于交叉学科，是语言学和商务管理学相互融合的综合性交叉科学。对于这种观点表示认同的还有很多专家。广东外语外贸大学国际商务英语学院张新红、李明认为，商务英语作为英语的一个功能性变体，是商务知识和英语语言的综合，具有独特性；湖南大学外国语学院莫再树、张小勇等认为，商务英语是一门以语言学和应用语言学为学科基础，注重吸收其他学科的理论与实践研究方法的综合性交叉科学；周晔昊同样撰文表达了类似的看法，认为商务英语属于专门用途英语的范畴，即 ESP，但它的内涵已经被扩展到一个跨学科的概念，如包括国际贸易、金融、国际商法、电子商务、工商管理，以及跨文化交际等。

综上所述，商务英语属于语言与商业的综合体。商务英语中的商务是指在活动过程中进行具体交流的事物或事件及一些专业的词汇。而英语是它的基础，是简单沟通交流所必备的。两者相互影响和融合，构成了一个完整的并且相互融合的系统。所以，在中国，将商务英语视为一个在 EGBP（一般商务用途英语）基础上发展起来的综合性交叉科学，可能更加符合其发展现状和实际。

三、商务英语发展趋势

目前，商务英语是我国公认的具有鲜明特色的办学模式。

一是商务英语培养目标的双重性。商务英语培养目标，除强调学习者提高英语语言表达方式之外，也要求他们掌握一定的商务专业知识，即需要达到既培养语言能力又传授有关商业部分的专业知识。

二是商务英语在教育教学活动中的实际运用及在生活实践中的运用。商务英语教学的主要目的是提高和加强学生商业管理领域的专业英语实际技能和跨文化交际能力，力求突出学有所用。与普通英语教学不同的是，它并不着重对语句、生词和语法的讲解，而是侧重学生掌握商务管理领域的专业词汇和术语，运用专业语言和普通语言，扮演管理者的角色，参与国际商业谈判等实用技能。

（一）商务英语相关专业趋于规范化

虽然商务英语在我国发展迅猛，所培养的人才能力出众，毕业生很抢手，但商务英语的独立学科和专业地位一直未被完全认可。商务英语已经成为外国语言文学下面一个新的与外国语言学及应用语言学和翻译学并列的独立二级学科。

（二）商务英语相关学位授予趋于弹性化

在我国，由于商务英语的专门化教育方法不仅要求受教育者掌握英语语言，更要精通国际的商业专业知识，因此商务英语专业本科毕业生应该有资格与商务英语学位同时获得或选择其一被授予"文学学士""管理学学士""经济学学士"等。同样，对研究生层次的商务英语专业的毕业生，学位授予也应该仿照此办法办理。目前，已经有一些院校在实施"4+0"双学位制度，只要语言文学课程和某一商务管理课程同时完成所需要的学分，学生即可获得两个学位。这种具有弹性或灵活性的学位授予趋势，更加切合我国商务英语的办学实际。

（三）商务英语教学目的趋于侧重跨文化交际能力的培养

随着全球经济一体化步伐的加快，国际贸易和跨国交流日趋重要，跨文化交流能力将在国际商务中发挥举足轻重的作用。未来，不了解跨文化差异无疑将构成了全球化沟通的壁垒。同时，更多专家提出，商务英语语言的学习归根结底还是跨文化能力的提高。因此，可以预见，良好的商务文化意识和跨文化沟通能力的培养将逐步成为商务英语教学中的重中之重。

（四）商务英语概念和内涵趋于扩大化

在传统意义上，商务英语一般指狭义的商业谈判、进出口业务等对外商务所使用的英语，而目前在我国商务英语的概念已经扩大到更加广义的概念，是贸易、金融、投资、运输、财务、经济法、咨询、会览、国际合作，以及跨国管理等任何商务活动领域的英语词汇、句型、文体等的有机总和。

在我国，商务英语的概念和含义已经逐步扩大化，办学实践已经多元化，因此将其视为一个在 ESP 的 EGBP 基础上发展起来的培养复合型人才的独立的综合性交叉科学，更加符合其发展现状和客观实际。

第二节 商务英语的教学模式

一、商务英语教学方式阐述

（一）培养目标

《高等学校商务英语专业本科教学要求（试行稿）》的指导意见强调，高校一定要培养学生对基础知识的掌握技能，不仅要扎实掌握基础知识，而且要用开放的眼光来看待世界、对待社会与学生，并且对于商务英语的学习，既要掌握一定的商业性术语，又要具有广泛的人际交流圈。与其他专业相比，商务英语专业培养目标具有非正常的特点，通俗地说，商务英语对于人才的要求是非常严格的，甚至是苛刻的，不仅要使学生掌握英语基础知识，还要对基础知识进行联系实践的运用，尤其在商务方面，学生并不是只要掌握了关于商业交流的专业词汇就可以的，还有许多具体的礼仪等商业中潜在的现象要进行掌握。因此，高校学生在掌握英语的基础知识以后，再进行具体实践，是最好的方式。

（二）课程设置、教学内容和教材建设

1.课程设置

根据《高等学校商务英语专业本科教学要求（试行稿）》的指导思想，我国一般高校的商务英语学科知识和能力构成涵盖四个知识模块，即关于语言知识与技能模块、商务知识模块、跨文化交际能力模块和人文素养模块。其中，语言知识与技能模块主要分

为语音、词汇和语法知识；商业知识模块主要有经济管理等方面的知识和商务技能等；跨文化交际能力模块主要包括跨文化思维能力、跨文化适应能力和跨文化沟通能力；人文素养模块主要包括政治思想素养、创新思维和中外文化素养。在高等学校商务英语专业的课程设置中，4 年的专业课程总学时不低于 1800 学时，各学校在教育目的、培养目标及校本课程的安排和外部的教学环境等方面都有着非常精细的安排。

2.教学内容

各课程开课的大体比例为：语言能力课程占 50%～60%，商务知识课程占 20%～30%，跨文化交际能力课程占 5%～10%，人文素养课程占 5%～10%，毕业论文（设计）和专业实习、实践不计入总课时。与其他专业相比，商务英语专业课程设置、教学内容和教材建设具有特殊性，相关建设在不断完善中。

由于商务英语和普通的英语有着很大的区别，所以商务英语在教学内容、教学形式与教育教学活动中的方法与原则等方面存在独特性。例如，在教学内容方面是关于英语的教学和商业的教学，所以这门课程的主要教学方式就是进行实践或者在课堂教学中进行实际情景的模拟演练。总之，要让学生充分参与到学习的活动中去，进行大脑思维的碰撞，从而在实践活动中学会观察商业中的潜在现象或者解决一些困难问题。

3.教材改革

在教材改革方面，因为商务英语与传统英语不同，所以所涉及的教材也有所不同。在 21 世纪初期，剑桥大学对于高校商务英语的学习科目进行了详尽的整理。自中国开设商务英语以来，在教材的运用方面，虽然非常谨慎，但是由于教材的限制，主要由两方面的教材组成，即关于普通英语方面与商业方面的教材，二者之间没有交叉和渗透。因此，受教育者学习到的内容并不是系统的，是没有进行融合的知识。总的来看，中国的教材既有本国的教材，也有从外国引入的国外原版教材内容，包括商业事务的很多方面，甚至还结合了 MBA 教材中的内容。

近几年，我国也在陆续编纂与出版相应的书本教材，出版了商务英语的综合教材，弥补了之前只有两个学习模块的不足。另外，在高校的课程培养方面也进行了系统化：以英语的听、读、写为基础，将大量课时放在基础的学习上，再将其他课时用于商业方面的英语知识的深入学习，总之，第一年的教育是以英语与商务的基础知识为基础的教育。当学生对于基础知识已经掌握得得心应手以后，学校会根据大部分学生的情况，开设商务英语的综合课程，并将之列为必修课。将某些拓展的内容，或者一部分学生想发展的方向同样进行课程的设置，列为选修课，促进学生的全面发展。在第三年的学习过程中，要加入实践课程。由于通过前两年的学习，学生对于知识和技能的掌握都已经非常熟练，但是在理论联系实际方面还有很多欠缺，所以此阶段的重点就是让学生学会理论联系实际，对所学的知识进行实际运用，让学生在实际运用过程中熟练地掌握知识。

商务英语的学习层次多样，所以要对商务英语进行系统的学习。首先，基础知识的掌握是专业教学的重中之重，是商务英语教育教学的根基，只有打好了基础，才能进行深层次的学习。其次，使英语与商务相结合，提高高校学生学习的整体素质。在第二年学习的时候，要以英语与商务的拓展内容为主要学习目标。在第三年学习的时候，学生学习的主要内容就是有关商务的专业知识了，毕竟商务方面的知识是非常重要的。在最后一年的学习中，同样是关于理论知识的实践，要注重实践能力的培养，并且让学生提升实践能力。例如，英语的写作与翻译的能力在实际的商业合作中是至关重要的，所以在大学的最后一年就要让学生进行论文写作，这也是学生对大学四年学习的总结。

总之，与一般英语教学相比，商务英语教学在学生者的培养规格、学科的设置和教材的选用等很多方面都有很大的不同。例如，商务英语既强调了基础教育的重要性，让学生在掌握一般的英语技能之上进行学习，又强调了商务英语离不开教育的实践，要求学生将商务英语的理论运用于实践，学会解决实际存在的问题。另外，商务英语课程与普通的英语课程存在着很大差异，商务英语在基础英语语言课程方面是占主要部分的，在商业的方面也占了 1/3 的比重。因为课程的不同，所以在教育教学活动的方法与原则方面也是不同的，尤其是在课堂上师生一定要用英语进行交流。由于商务英语在众多方面的特殊性，就必然要求受教育者具有多方面的素质，因此复合型师资队伍建设成为主流。

（三）商务英语师资培养

目前，商务英语专业的授课教师在我国分为三个主要的类别。第一类是专业教授英语语言类课程的教师，他们没有任何商务专业知识背景，完全是英语语言背景的英语语言文学教师。第二类主要是讲授商务英语类课程的教师，这部分教师有着不同的背景，较为复杂，一部分是没有任何商务专业背景的，一部分是英语专业毕业后进修的商务专业知识，或者进修一些经济学等相关专业知识的，还有一部分是在本科时主修英语专业，在研究生时主修商务、经济等专业的教师。第三类为讲授商务专业课程的教师，这类教师以非外语专业背景下的商务、经济管理专业的教师为主。

商务英语教师为了满足商务英语专业人才培养和学科自身性质特点的定位，必须具备较强的英语语言专业知识，必须在经过系统学习、培训后，较好地掌握专业技能，具备英语教师的基本素质，同时具备商务专业知识技能或者有过商务实践经验，能够熟练掌握商务专业知识。由此分析认为，更适合从事商务英语教师的人是具有一定商务专业背景的英语教师，这部分教师具有熟练的英语教学经验，也掌握了一定的商务专业知识。当教授课程的教师是专业商务教师但使用中文授课时，即便是实用英语授课，也会因为语言质量和效果不理想而无法胜任专业课程的教授。

目前，国内各高校的商务英语师资力量悬殊较大，在一些财经类、外国语类学校具有较强的商务英语专业师资力量，其教师大多具有商务知识基础，从事商务英语及商务专业类课程，综合水平较高，教学效果显著，有利于人才培养。但相对而言，这类学校整体数量较少，国内大多数学校都较缺乏这种复合型商务英语教师，只能由专业英语教师来教授商务英语课程。由于缺乏商务专业知识，教师在教学过程中仅仅是沿用英语专业的授课方式，导致教学质量偏低，教学效果欠佳。这是目前商务英语师资队伍面临的一个较为严重的问题，这个问题不仅关系到专业人才的培养问题，也对学科建设及专业学科发展产生了重要影响。

商务英语教师必须具备一定的商务、经济等相关专业基础。为了缓解商务英语教师队伍的这一缺陷问题，高校加强商务英语师资力量的引进，同时针对现有教师队伍选拔有资质的教师进行商务、经济等相关专业知识的培训与进修，有的更与国外高校合作，选拔优秀教师去国外进修，以使其更能胜任商务英语教学工作。商务英语是英语语言学与国际商务相结合而形成的一个边缘性语言学科，具有交叉性、复合型、应用型等特征。过硬的英语语言基础是商务英语专业主要的培养目的，即培养具备良好的人文素养，系统的国际商务知识，较强的跨文化交际能力的应用型、复合型商务英语人才。

商务英语的专业属性仍是英语语言学，而非经济学、管理学等其他学科。商务英语专业的具体培养模式（如课程体系、教学内容、教学手段、评价模式等）必须强调商务英语的"英语本色"，商务英语教师也主要归属于英语语言学学科，这是该专业教育最为根本的原则性问题。如果片面强调经济学、管理学等其他学科的知识体系，而忽视英语教学的自身特点和规律，商务英语专业就会失去应有的特色和活力，甚至蜕变为其他商科专业。

（四）商务英语教学管理机制

目前，多样化的商务英语教学管理机制可以分为四个方面，即商务英语课程组、商务英语教研室、商务英语系和商务英语学院。这只是单纯地将商务英语视为一门课程而不是一个完整的专业管理，商务英语从属于学校英语系或者外语系，不设立专门的院系。例如，商务英语课程组或商务英语教研室主要是以专业知识教学为内容的课程组；商务英语系管理机制采用的是将商务英语作为一个专业开设，不附属于任何专业，直接归属于学校的外语学院、英语学院、商学院等管理，该专业复制商务英语的专科及本科教学，旨在培养高素质专业人才的管理；商务英语学院管理机制适用于单独开设商务英语学科，不是一个专业，该学科作为独立的学院直接归属于高等学校管理，视为二级管理机构，主要负责商务英语学科的发展、教学、招生等全面管理工作。

二、商务英语教学模式存在的问题及改进方法

商务英语课程是商务专业知识和英语语言技能完美结合的学科，这就对商务英语教育者提出了较高的要求，即在掌握商务专业知识的同时，必须擅长英语语言教学，培养学生的英语语言表达能力。显然，传统的教学模式无法满足新兴商务英语的教学要求。为了能够更好地完成商务英语的教学任务，商务英语教师一直致力于追求更适合的教学模式和方法，旨在达到商务英语的教学目的，实现预期目标，完成教学任务。

（一）商务英语教学模式存在的问题

商务英语教学的飞速发展主要是受到世界经济快速发展的影响，日益增长的国际贸易交往需要大量高素质的专业技术人才，迫使高校加快了培养商务英语专业人才的步伐。但是，从全国形势分析，商务英语教学中还存在一些问题。

第一，目前，很多高等院校都开设商务英语专业，但国家有关商务英语没有统一的教学大纲，导致各高校的教学内容、教学计划和教学方式各不相同，差异较大，没有统一的教学资料，没有权威的教材，很难找到有关商务背景下的实例型辅助教材，如公司年度汇报、会议纪要、纪录片等。

第二，从师资力量上看，高校的商务英语教师大多数是英语专业教师，没有商务英语教学经历，对商务英语的教学真实情况了解甚少，都是采用传统的英语教学模式开展商务英语教学，这种模式势必造成教师和学生之间双向被动的局面，以致能够采用英文教授商务、经济、金融等专业课程的教师少之又少，根本无法满足全球日益激烈的商业

竞争需求。

第三，从实际应用角度分析，教学质量严重影响了学生对书本知识的学习及其与社会实践的有效结合。

具体来讲，传统的教学模式是大班授课方式，普通的英语教学大多采用这种模式，但是这种模式并不适用于商务英语，商务英语更适合采取小班授课的方式。然而，很多高校并没有注意到这一点，教师也多根据专业需求调整授课方式，这便给教师和学生的沟通与交流增加了难度，难以实现多维互动。

在教学设施方面，现代化的教学设施配备能够有效地提高商务英语的教学质量，使商务英语教学更加直观、有效、便捷，更能够激发学生的学习热情。然而，现在各高校虽然有多媒体教室，但是数量有限，加之维护不及时、不到位，常常出现有限的多媒体教室资源不能得到充分有效地利用，商务英语教学多数依靠黑板，学生学习采用录音机等情况。另外，教师对计算机辅助语言教学（Computer Assisted Language Learning，简称 CALL）这一外语教学新趋势的认识和了解程度不够，无法切实有效地利用现有的教学资源开展教育。因此，商务英语教学如何有效地利用互联网资源，利用远程教育实现资源共享等成为商务英语教学迫切需要解决的问题，这也是商务英语现代化教学的转折点和突破口。

（二）商务英语课堂教学模式的改进对策

目前，商务英语教学在很多方面都是不达标的，情况不容乐观，同时在商务英语课堂教学中还存在很多问题，如何解决这些问题是首要问题。一般来讲，通过解决问题改善商务英语教学质量和现实情况，主要可以采取调整教师队伍的综合水平，提高整体素质，完善细化商务英语教材、教学资料、硬件设施等方面。但更重要的是，要改善商务英语的课堂教学模式，寻找更适合商务英语教学的方式，以达到教学目的。

1.商务英语课堂教学模式与交际法相结合

传统的教育模式一直在课堂教学中占据主导地位，教师在中国的传统文化中被视为授业者，占主导地位，学生只需要被动听从即可。将教师定义为传道、授业、解惑的人，其中的传道和授业是教师教授学生知识的过程，即教师是掌握知识的人，而学生是被动接受教师传授的知识和教诲的人。学生的学习风格受到传统教育模式的影响，认为学习就是要依赖教师的教导；在学生的认知里，学习更倾向于接受教师的教导，大多时候都是"先看后做"，习惯性地认可教师的一切，将教师视为正确的典范。因此，在现代教育过程中，教师要在适当的时候保留那些传统教育中适合学生学习的方法，尊重那些长期保留下来的学习风格和习惯。虽然现代教育从小学甚至幼儿园就开始学习英语，但更多时候商务英语是从大学开始系统学习的，因此掌握的商务英语知识相当贫乏，需要教师在传统教育模式下系统地学习商务英语基础知识，开设专门的针对基础知识的课程，如针对一些基本概念、贸易术语、基本理念、商务专业词汇等讲解的课程，让学生对商务英语有更加全面、详细的了解。这种教学就是以教师为中心开展的全面、详细的专业商务英语基础知识教授过程。要想在商务英语教学上有所突破，必须在学生有了一定的商务英语专业知识储备的基础上，结合商务、经济实践教学中的交际法，着重培养学生的实践运用能力，将商务英语专业知识熟练运用到实践中。

在商务英语中语言的作用不容忽视，重形式轻内容、只注重语言系统知识的学习而忽视实际应用的学习都是有弊端的。商务英语实践主要体现了语言在交际中的作用，所以商务英语需要采用交际教学法，将专业知识与商务交际能力相互交织、完美结合。这就对教师提出了更高的要求，在教授商务英语专业知识的同时，还要教授如何将专业知识运用到商务交际的实践中，运用交际法培养学生的商务交际能力，根据商务英语的可操作性和实践性，开展形式多样的课堂内容教学，如案例分析、模拟操作、单证制作和商务洽谈等，主要以学生为中心，以讨论为主要形式。

2.商务案例教学模式与学生体验性学习相结合

当学生掌握一定的商务英语专业知识学习时，开始进行商务案例教学。这部分教学是模拟实际现场开展的一种教学方式，教师精心准备和策划，还原案例现实情况，将学生带入典型的商务案例情境中，进行现场案例分析，让学生将商务英语基础知识经过独立分析思考，运用到案例实际分析中，锻炼学生独立分析、解决商务问题的能力，同时培养学生的团队协作能力。综上所述，需要遵循两条规则：其一，以典型案例为教学依据；其二，让学生通过自学和相互交流学习积极参与到整个教学过程中。

20 世纪初，多学科开展案例教学时主要以商务和企业管理学居多，案例教学的不断推广，其教学内容、方法和形式逐渐改革完善，在全世界教学范围内产生了重大影响。在现代社会，全球经济化速度逐渐加快，各国经济突飞猛进，市场竞争日益激烈。在这种形势下，经济型人才的优势得以展现，尤其是知识型人才在市场上发挥作用。为了适应市场人才的需求，高校教育逐渐开始将案例教学作为一种模拟实际的教学方式，其真实性、有效性和务实性尤其凸显，可以有效地将专业知识运用到实际行动中。

商务案例教学模式是教师运用典型案例，组织学生分组讨论、分析，通过小组协作，最终实现解决问题的教学目的。这样做可以调动学生的积极性，使学生成为教学活动的主体，实现独立学习、集体协作、团队合作的学习方式，形成探索性、研究性、互动性的学习氛围。商务案例教学重点在于培养学生自主分析问题、逻辑推理、运用所学的商务专业知识解决实际问题的能力，是对传统教育模式的升华。在教学过程中，教师引导学生自主熟悉相关商务信息和资料，并对收集到的信息和资料进行分析，这有利于提高学生自主学习能力和抓重点分析问题的能力，同时通过分组协作，有助于提高学生的交流、沟通、合作能力。在商务英语教学过程中，"体验性学习"要求学生自己动手。要想获取感性的材料和经验，就必须与案例教学相结合，以模拟操作的形式进行，如商务谈判、贸易制单、商务会议和国际会展等。另外，商务英语教学的最终目的是让学生能在实际商务交际过程中展现自身能力，因此教师应创造更多的机会让学生可以现场观摩、考察及实践，如可以与海关、海事局、商检局等单位联系，开发实习基地，让学生在实际操作中有切实的认知和体会。

3.学习效果评价与人才培养相结合

检查商务英语教学质量主要是通过学习效果评价来实现的，同时检验商务英语专业的人才培养质量。商务英语人才培养采用软硬两套指标，作为衡量商务英语专业的人才培养质量的标准。硬指标指的是商务英语专业的基本知识和技能；软指标指的是在掌握硬指标的基础上，提高和拓展学生的综合素质。硬指标主要包括商务专业知识和技能、英语专业知识和技能等。其中，英语专业知识和技能占60%～70%，商务专业知识和技能仅占30%～40%。软指标主要包括国际视野、研究能力、创造能力、修养素质和跨行交际能力等方面的素养。评价学生学习能力的主要标准是每一门课程的平时测试和期末测试成绩。因此，应科学合理地进行测试，尤其应采用能够最大限度地反映专业人才质量的相关指标的测试方式、范围、题型、难易程度等。其实，其他专业也有很多值得借鉴的测试方式。例如，检测英语语言能力可以通过英语专业四级、八级测试；检测商务专业知识可以通过一些商务类的资格证书考试，如 BEC、国际商务师等。总之，应通过软硬件两部分综合测评学生的学习效果，做到科学、合理、有效地培养专业技术人才。

第三节 商务英语的教学设计

一、教学设计的含义及特征

教学设计并不等同于教案，这是必须明确的一个问题。因为它是一项系统性的工程，涉及教学目标、教学对象分析、教学内容、教学方法和教学评估等方面，不仅要考虑到学习者的年龄、层次和基础水平特点，还要考虑师资及教学软硬件等因素，所以教学设计应具有指导具体实践的可操作性。

教学设计是根据教学的实际情况合理安排教学时间，根据教学对象和教学目的优化教学方案，合理安排教学顺序。提高教学质量和效率是教学设计的根本核心，以确保学生能够在有限的时间内掌握更多的知识，全方位提高学生的综合能力，使学生在进入社会后能有更好的发展资本。因此，教学设计的宗旨是解决教学过程中存在的问题。具体而言，教学设计具有以下特征。

第一，教学设计是利用教学素材和活动体现教学原理的过程。设计离不开基本规律和明确的目标，以便更好地解决教什么的问题。

第二，教学设计通过合理的计划、安排、决策等达到教学目标，解决如何教的问题。

第三，教学设计要有系统的指导方法。在教学设计中，各要素相互关联被看作一个整体，通过分析了解教学需求，确立优化的教学流程，解决教学中的问题。

第四，教学设计有利于提高学习者获得知识、技能的效率和兴趣。教学设计是科学调研并创新实践的结果，应当运用系统科学的方法设计出一套操作性强的程序。

二、进行教学设计时要考虑的问题

进行教学设计需要考虑的环节众多，可以视情况的不同进行调整，通常包括以下几点。

第一，学生的学习需求。

第二，学生的水平层次分布。

第三，不同的学习方式。

第四，学生对教学手段多元化的需求。

第五，不同的商务技能领域。

在以上五点中，学生的学习需求为重中之重，对这一点的设计和考虑要慎重、详细。除以上几点外，教师还要设定好教学目标。目标设定力求确切，适宜分成多个阶段性学习目标，一是便于学习者理解，二是便于教师进行阶段性评价。教学目标通常用以下方式表达：学习者将会在何种学习环境下，进行何种学习活动，达到何种水平层次等。教师也可让学生写下自己的学习目标，并与其讨论该目标是否可行，然后将具有可行性的目标并入课程教学目标中。

由于商务英语的特殊性，通常很难精确地用语言描述需要达到的沟通技能层次，而且这些技能往往难以量化和衡量。在这种情况下，可以把学生将会习得的、在典型语境下的沟通行为写入目标中，如深入了解不同种类的谈判、懂得常用策略和技巧、积极倾听谈判双方的发言、在适当时机确认信息或总结发言等。也就是说，教学目标不仅要写明学生将会学到什么，也可能通过学习改善学生的一些处事习惯。

而通过需求调查来进行教学目标设定，可能会给商务英语课程带来一些挑战。如教师在不十分了解学生的情况下，无法判断所设定的目标是否能达到，学生的学习目标和教师设定的初始教学目标相去甚远等。这些情况发生后，教师要积极和学生进行沟通，并通过协商对教学设计进行一定程度的调整，同时要求教师提前做好不同内容的教学活动准备。

三、学生需要学习的内容

在确定好教学目标之后，可以进行教学大纲的设计。教学大纲是对教学包含的一系列内容及其顺序的列表。进行大纲设计的原则是习得特定商务语境下所需语言能力，而非粗浅了解。这是由于多数商务英语学习者需要在特定场合下进行沟通，因此大纲中需要反映出这些沟通场景及技能。在进行大纲设计时，教师要利用从需求调查中获取的信息，归纳出最有助于学生沟通的常见语言形式，并计划好这些形式的学习方式和学习顺序。就学习方式而言，教学设计需符合学生的初始语言水平，并持续足够的时间以帮助学生习得该知识；就学习顺序而言，大纲要能展现整个学习框架，将语言点按从易到难的顺序排列，各部分合理分配时间，内容要契合学生的需求。

常用的商务英语教学大纲形式相对固定，主要包括以下内容。

第一，语法（时态、词序、动词形式、关系从句等）。

第二，词法（词汇、成语、表达形式、习惯搭配等）。

第三，句式（从句、反问、虚拟语气等）。

第四，发音（语调、押韵、重音、语段等）。

第五，功能用语（抱怨、赞同、劝说、解释等）。

第六，商务技能（演说、谈判、电话、交际等）。

第七，商务话题（金融、营销、制造、管理等）。

第八，学习策略（学习方法、词汇记忆、测试准备等）。

第九，商务场景（协助访客、酒店入住、主持会议等）。

第十，语言技能（提升听力及理解能力、高效阅读并理解、英语写作、有效口语沟通）。

第十一，跨文化技能（文化理解、文化比较、认知活动等）。

第十二，任务安排（学生使用英语完成任务并获得预定结果）。

在没有固定教材的情况下，要想预先决定教学内容，并根据不同学生的语言经验来调整教学内容是相当困难的事情。因为每一位学生在语言学习的过程中，或多或少都会有不同于其他人的目标，想满足每一位学生的需求和兴趣，基本是不可能完成的任务。由于上述原因，教师应该有效组织课堂教学，从而使学生可以在以教师为中心的学习（按教师的兴趣操控课堂）和学生自主学习（学生学习自己最感兴趣的内容）之间转换自如。

四、教学设计实用性指导

在设计时，教师需要检查一下自己的教学设计是否可以完美地回答以下问题。

第一，我有多少教学课时？

第二，我的学生需要在此时间段内学到什么？

第三，我是否要为听、说、读、写四个技能平均分配课时？

第四，我应该以哪种顺序安排我的教学要点？

第五，在课程结束时，我对学生有怎样的期望？

第六，在安排定期复习时，我该如何避免学生的枯燥情绪？

第七，我所使用的教材有哪些缺陷？

第八，我该如何补充素材以弥补这些缺陷？

第九，我在教学中会采用哪几种课堂活动？

教师对教学内容的组织可以有不同的方法。

方法一，将简单的项目前置。例如，可以先讲授简单的语法时态再讲复杂的句法，先讲商务电话的句型再让学生进行电话角色扮演。

方法二，把学生熟悉的场景前置。熟悉的场景是指学生在日常生活中习惯使用英语的场景。

方法三，按照需求的强弱排列，若课程时间较长，通常将最为重要的内容前置。这一排列原则对于不同的学习者有不同的安排，例如，对于管理者而言，宜优先掌握谈判、会议主持、演讲等技能，而对于销售员而言，则要优先学习社交、劝说性语言技巧。将教学内容进行组织排序，不仅有利于确定阶段性教学重点，且由于不同的话题往往对应不同的语言点，因此排序之后也有利于平衡语言知识的习得。

教师也可以将整个教学过程划分为不同的教学模块，每个模块分配不同的教学目标和教学时长。这些模块可以具有相对固定的教学模式，并可以使用不同类型、形式灵活的教学活动来满足特定学习者的需求。在商务英语教材中常常分为不同的单元，单元之间形成逻辑性联系，可以遵循一定的顺序进行教学，而商务模块不同于教材中的单元设定，各模块之间相对独立，可以任意组合形成侧重点不同的课程，如特殊沟通技能课、经理人沟通技巧课、国际贸易人员写作实训课等。从需求调查辅助课程设计的角度看，模块设计更符合商务英语教学的要求。

教学协商并无时间限制，随着教学的进行，若有需要，师生可以重新协商教学内容。有时由于受到教学设备、材料和教师本身经验的限制，预期的教学方式会受到一定程度的影响，在进行协商时，教师可以适当引导协商向既能满足学生需求，又不超出教师教学能力水平的方向发展。例如，教师可以让每位学生写出自己希望学到的知识和不需要再学习的知识，然后通过交换信息的方式让大家了解彼此的想法，讨论出一个集体性的教学方案；也可以在需求调查表中列举出本课程可以提供的教学内容及活动，让学生自主选择，并允许学生根据不同的教学内容添加自己感兴趣的项目及教学活动。

五、教学材料的选择和拓展

（一）教材的选择

教师可以根据学生的需求和学习目标，进行商务英语教材的选择。由于教材具有相对固定的教学框架，为教师备课提供了便利，尤其是在时间有限或教师经验不足的情况下显得更为有利。常见的商务英语教材有确定的教学内容及教学法，具有较强的专业性，并有配套的教师用书、音视频光盘、补充教学材料及学生练习册，这些也为教师提供了很多便利条件。

然而，直接选用教材进行商务英语教学具有一定的局限性。首先，在迎合学生需求方面，很少有教材能百分之百契合学生的需求，教学中通常需要额外补充材料，或对教材内容做出局部调整。其次，教材中的内容是相对固定的，而现实社会中的热点是不断变化的，教材中的某些教学方式或素材在一段时间后就不能再适应教学要求了。

为了应对这种供需衔接问题，近年来有些海外出版社开始进行一些调整，把教材内容分块，浓缩成核心内容突出、内容简短、专业性更强的商务英语系列丛书，辅以补充性材料书籍，以供师生按需选择，也可以用于自学。这样的调整增强了教材本身的灵活性，为商务英语教学提供了更多便利。

教材选用时需要考虑到素材的真实性。教材的用语是否原汁原味，是否需要根据教学要求做出局部修改和简化以强调某种句型或词汇，不同的教师可能对此有着不同的看法，主要取决于他们的教学重点及教学要求。教材中设计的活动是否具有现实性，学生是否认同这种现实性并按照真实的情况来作出反应，教学的重点是语言技巧还是商务结果，这些都是教师在选用教材时需要考虑的因素。

选择教材时还需要综合考虑以下因素：学生的沟通及学习需求、教材内容的覆盖面、教师用书中教学法的运用、教学内容的组织方式、沟通技巧及语言点的覆盖面、素材的新旧程度、单元化还是模块化排列、教学内容是否具有一定的灵活性（能够重组）、课文及音视频是否具有真实性、用语是否地道、课文难度是否符合要求、课堂活动是否实用，以及能否满足学生应对考试的需求等。

教师对教材的评价不仅局限在课程开始前，在教学进行过程中也可以记录对教材的优势和劣势的评价，并收集学生对教材、练习内容的具体意见，为下次的教学活动打好基础。

（二）根据需求定制教学内容

有时候，教师需要根据学生的需求定制全部教学内容，或定制部分内容作为教材的补充。随着教学经验的增加，教师积累了大量素材，就可以灵活选择，以满足学生的不同需求。这种教学素材的定制通常是对以前教学内容的调整、重组，以适应当前学生的语言水平及沟通技能要求。同一性质或内容的素材，可以在保持基础框架不变的情况下，对背景、要求和词汇进行调整，以应对不同的情况。

教师定制教学内容的优势在于更具针对性，直接解决学生的问题；部分内容可以重复使用，且教师在选编素材之后也获得了新的知识技能。缺点在于备课的时间较长，且对教师编写材料、处理文字及设计图像的技术要求较高；有时由于所用素材过于特殊化和小众化，可能会导致该教学设计只能使用一次。

定制教学内容通常要经过一系列步骤。首先，分析学生的需求，确定教学重点。其次，整理语言点，制定教学法。再次，搭建教学框架步骤，穿插教学活动。最后，进行教学试讲，思考评价方式。在具体操作中，教师不需要从头到尾进行每一个步骤，只需要对已有的材料进行调整来适应新的情况。教学素材的收集整理花费的时间较多，只要平时注意积累，有一定教学经验的教师便可以掌握大量的材料，更可以利用网络获得近期的商务材料，从而大大缩短这一过程。

（三）使用学生提供的素材和真实素材

在教学中，教师可以从学生身上收集到一些模拟真实的素材。

收集方法一是和学生进行目的明确的英语交谈，将对话背景设定为典型的商务情境，如会议、电话等，让学生回归自己的角色，通过提供关键语言点并经过多次练习，将成熟的、具有一定参考价值的对话进行录音。这一过程既给学生提供了不断提升语言熟练度和专业性的练习机会，又让教师收集到了一份质量有保证的语音素材。

收集方法二是教师设定学习任务，并列出教学框架，其中包含图形、大纲或者关键词，学生在完成此任务的过程中需要提供特定商务环境中的语言，从而起到收集真实素材的效果。例如，可以设定以下任务：提供或解释本人下周的工作计划，画出或解释所参与的工程进度表，画出饼图并解释本人一个工作日内的时间安排，描述本人供职公司的应聘流程，描述本人所在企业的生产工序，以本人为中心画出人物关系图并解释工作关系，列出演讲大纲及关键词并进行演讲，以本人所在企业的两个真实产品为例进行异同及优劣势比较，画出本企业组织结构图并解释，等等。以上这些素材既可以是文本，又可以是音视频。这些素材不但易于制作，包含语言侧重点，而且内容有针对性，不局限于学生的语言水平，形式上既可以作为教学活动开展，又可以作为教学内容进行收集。

真实材料不是为教学使用而专门制作的素材，在商务英语中，这些材料往往是真正的商务文件、报刊文章、会议录音或工作对话等。教师可以借用一些企业的资料或主动去企业收集资料，还可以让在企业供职的学习者协助收集。这些素材是在商务环境中产生的第一手材料，非常适合作为商务英语教学的材料。实际上，很多成熟的教材中也广泛使用了真实材料，其优势在于将学习者和商务世界的距离拉近，使学习者身临其境，同时使教师从侧面了解到了学习者的真实需求。

以真实材料作为教学内容的缺点也很明显。首先，材料具有真实性也就具有一定的商业敏感性，这类材料较难获得。其次，教师如果依赖学习者将工作中的素材带入课堂，结果可能会不太理想：一是来职业人士工作节奏较快，难以抽出时间进行录音、录像或收集文本资料；二是作为学习者，他们有可能对自己的语言或沟通技能信心不足，羞于将工作中的自己展现给其他同学。最后，有些人设计的商务英语教学方式和内容并不契合教师预期的语言范畴或该阶段的教学重点，非英语母语的学习者在工作中更是很少使用英语。

教师获得真实材料后，还需要对其从语言层次、语法要点、涉及的商务领域等方面进行编辑调整，加工之后的材料才能适用于更多的学习者。常用于课堂教学的真实材料包括以下类别：信函、会议记录、备忘录、电邮、合同、报告、公司宣传手册、演讲稿（PPT）、语音留言、音视频对话、电视广告、产品营销短片、企业网站及内网资料等。这些材料有可能本身是英文的，也有可能需要经过翻译。如果学习者能提交自己翻译的材料，则翻译的过程也是一个很好的语言训练过程。即使提交的材料是非英文的，教师也可以从中选取具有代表性的内容，让学生以小组形式合作翻译并向全班同学解说，从而锻炼学生的口语输出能力。

文本形式的真实材料可以用于以下课堂活动中：阅读（速读、略读、归纳、简答）、填空（将核心词汇从句中移出）、从标题推测内容、打乱后排序、根据来函写回函、学习常用词组、改写并优化文本、文本格式学习、口语模仿重现、图表描述，以及工作流程理解等。

通常语音材料更为实用，教师可以进入企业获得对话或会议录音，也可以在课堂上录下学习者的角色扮演、师生之间的电话交谈等。语音材料可以用于沟通技巧、用语、语法的学习，也可以用于听写练习及沟通策略学习，而视频材料还可以提供特定语境下的用语学习。

第四节 商务英语的教学评价

一、教学评价体系概述

（一）评价体系与教学的关系

教师和学生在教学中分别有不同的职责，扮演不同的角色。

第一，教师在教学过程中扮演领导者和组织者的角色，具有主动性和能动性，并且教师都是具有专业的教育技能和科学文化知识的。

第二，学生是教育的对象，教师需要全面了解学生的情况，促使其转变角色，全面发展。

第三，教师既是主体，也是客体，必须不断提升自己，做到教学相长，以更好地完成教书育人的工作。

第四，在学习过程中，学生是学习活动的主体，他们将教师视为学习和了解的对象，并不断完善、发展、提升自己。

由此可见，帮助教师和学生认识自己的教学或学习状况，必须合理使用恰当的评价体系。教学评价是教学的重要环节之一，具有导向、刺激等功能。全面、科学、公正的教学评价体系，对于实现课程目标意义重大。

英语教育的核心目的是培养学生在各种情况下均能熟练使用英语进行沟通和交流，如进行口语对话，书写英文邮件、资料等，能够熟练掌握本专业英语词汇，阅读相关资料。有了明确的目标，教师在教学过程中还必须建立一套完整的教学方案。商务英语专业教学更侧重的是培养应用型人才，强调学生的综合能力，所学知识以适用、够用为主。因此，教师在教授英语时不仅要注重语言基础知识的传授，更要重视学生语言应用能力的培养。

（二）传统的英语学习评价体系

传统的英语学习评价主要以纸笔考试或标准化考试为手段，是一种终结性评估模式。这一评估模式的弊端是：评估过程和教学过程相脱离，单纯考查学生知道什么，而不是学生能做什么；为了追求考试成绩，忽视了教育的真正目的是培养学生的创造力和自主学习能力；这种以一次考试来决定学生能力优劣的评估模式使学生产生了焦虑、紧张的情绪，学习更加被动，降低学习效率。

为了消除传统应试教育的弊端，防止出现高分低能的现象，教师会将平时的课堂提问成绩、作业成绩作为参考，再综合最终考试成绩，给学生打出一个相对客观的成绩，但评价仍是以教师的主观判断为主。对学生来说，他们对自己的语言掌握和应用能力的了解比教师更为深刻，他们之间通过沟通和交流所掌握的信息比教师更为丰富。所以，应该将教师评价和学生评价进行有机结合。

（三）商务英语教学效果评价

根据全国商务英语研究会审定的《高等学校商务英语本科教学要求（试行稿）》的指导意见，高等学校商务英语的教学评估手段采取形成性评价与终结性评价相结合的方式。在形成性评价中，采用多种评估手段和形式，包括学生自评、学生互评、教师评学、学生评教和教务部门对学生的评价等；在终结性评价中，主要方式包括期末课程考试、水平考试和毕业论文（设计）等形式。

与其他专业相比，商务英语教学效果评估体系具有特殊性，但相关建设比较滞后。目前，商务英语评估体系一直在沿用全国高等学校英语专业四、八级考试作为主要评价依据，与普通英语专业的差异性无法体现出来。从这一点来看，相关评估体系发展相对比较滞后，不能完全适合商务英语水平评估的实际需要。在我国，各大院校已经开始了中国国际贸易学会组织的商务英语四、八级考试，2008 年也对商务英语本科学生进行了试考。但从总体上讲，对于本科以上的商务英语，还没有真正建立起一套完全可行的专业评估机制。

二、教学模式评价体系

（一）形成性评价

形成性评价是教师在教学过程中对学生学习情况的及时反馈，即教师记录并评定学生在学习英语过程中所展现的态度、兴趣、参与度和语言发展状况等。这种反馈可以帮助学生及时发现问题、纠正错误，同时能给教师的教育活动提供及时有效的帮助和指导。教师和学生可以通过评价更好地认识自己，发现问题，解决问题，提高自己。形成性评价的优势在于能够使教师全面了解学生的学习情况，对症下药，促进其学习进步。从学生的角度分析，学生在学习过程中既锻炼了自己的能力，又从老师的反馈中发现了自己的短板与不足，从而变被动接受为主动参与，提高了学习的积极性。总之，在形成性评价教学过程中，改变了过去以教师为单一主体的情况，学生也成为教学活动的主体，教与学的过程得到了统一。

（二）商务英语教学与形成性评估体系构建

根据商务英语专业的教学目的，借鉴大学英语教学评估体系的利弊，下面提出几点关于商务英语专业评估体系的构建建议。

商务英语专业旨在培养德、智、体、美全面发展的，涉及国内、国外进出口贸易和其他活动的人才。这方面人才必须具有良好的职业道德和敬业精神，具有扎实的英语语言基础和较强的口语交际能力，能够掌握宽泛的商贸知识，熟练使用现代办公设备，具备运用英语从事商务活动的能力，熟悉通行的行业规则和惯例，能够适应生产、建设、管理和服务第一线需要，从事相关商贸业务、管理、翻译、外事接待等工作。

既然如此，英语作为一门操作工具，教师在教学中就应将理论与实践相结合，使学生在实践中更好地体会语言的应用。相应的评价体系也要适应实践操作。

对于培养学生的职业技能而言，形成性评价更易于达到教学目标。商务英语教学强调职场情景中英语运用能力的培养，教师要设计一些具有商务背景的情境任务，训练和考查学生在这一环境中的反应，培养学生的团队合作意识、沟通技能和创新能力等。而这些能力不能仅靠终结性的考试来进行评价，还需要运用形成性评价，如学生自评、互评和档案记录，以帮助学生了解自己在完成任务过程中的表现，使他们参照他人的表现来反思自己。

第二章 商务英语教学的原则及理论

第一节 商务英语教学的基本原则

    教学原则是根据教育教学目的，反映教学规律而制定的指导教学工作的基本要求。它既指教师的教，也指学生的学，应贯彻于教学过程的各个方面和始终。它反映了人们对教学活动本质性特点和内在规律性的认识，是指导教学工作有效进行的指导性原理和行为准则。在教学活动中正确和灵活的运用教学原则，对提高教学质量和教学效率发挥着重要的保障性作用。国际商务英语综合课程是指商务英语专业的精读课，其主要任务是传授英语基础知识和商务基础知识，培养学生的基本语言交际能力和商务操作能力，在不断巩固和丰富学生的语音、语法、词汇、修饰和商务术语等方面知识的基础上，加强熟巧训练，提高学生用英语进行思维的能力，从而获得听说读写译全面发展的技能。因此，本课程也被称作综合实践课，它具有独特的规律和教学原则。深入探讨国际商务英语综合课程的教学原则将对提高教学质量有很大的益处和帮助。

一、交际法教学原则

    众所周知，语言是交际的工具和手段，交际才是学语言的目的。在外语教学中，交际不仅是目的，而且还是手段，只有通过大量的有效训练，外语才能成为学生的交际工具。要贯彻执行好交际性的原则，首先应使学生在英语交际过程中逐渐养成用英语思维的习惯，尽量少用或不用母语思维英语有着复杂和灵活多变的规则，表达每一句话都要考虑到词性变化、主谓关系、时态呼应、语态合适和固定用语使用等。如果学生习惯于母语思维，然后再将其意思转换为英语，这会严重影响和阻碍交际的实现。

二、以学生为中心的原则

商务英语课程的教学对象具有如下几方面的特点。

第一，学生的专业背景与知识结构呈现多元化。

第二，动机明确，积极性高，学习能力强。

第三，思维活跃，充满热情，富有创造性。

第四，具有一定英语语言基础及应用能力。

总的来说，教学对象大多数具有自主学习的特点，教师在教学实践中充分把握学生的特点，了解学生的需求是教学实施的前提条件。教师应在课程开始之初通过一定途径采集、分析学生的相关信息，从而使相关教学安排更具有针对性和有效性。例如，教师可在"介绍课"要求每位学生提交一份 PPT 的英文版简介，包括个人（如专业特长、自我评价）、家乡（如特色特产、知名企业）、课程（如动机、期望、建议）三方面的简要信息。通过对全班学生简况的分析，教师一方面能系统地把握其教学对象的特点与需求，另一方面还能初步了解学生的英语水平和意识能力等。此外，教师还可将全班学生简况汇编成一套 PPT 供随时查询或用于教学活动，这有利于增强教师对教学对象的了解和师生之间的良性互动。

三、教学内容的选择原则

（一）教学主题成体系

基于商务英语课程教学时数有限，教师无法把教材中所有的单元主题纳入教学，而是必须有所取舍。以选取的教材为例，书中共有 15 个单元，大致可以归为四个方面：1～2 单元为商务活动准备环节，3～6 单元为商务活动基本技能，7～12 单元为国际贸易主要流程环节，13～15 单元为商务知识补充拓展。因此，比较合理的选择是 1～2 单元、7～12 单元，共计 8 个单元作为教学主题，其中 1～2 单元作为导入单元，7～12 单元作为主体教学单元，涵盖国际贸易磋商的主要环节与内容自成一个完整体系，同时也更加突显了课程主要目标。其余的单元主题可以作为该体系的知识技能补充或拓展，供学生有选择性地自学。

（二）教学内容有重点

在确定了教学主题和单元后，教师需要对每一个选定单元里的各部分内容进行选取，分别用于教师课堂教学和学生课外自学。教材单元内容很丰富，包括听、说、读、写四大任务及后续练习和词汇注释拓展等。因此，如果不对其进行选取和分类，教师、学生在教与学的过程中都会失去重点，甚至无所适从。课堂教学内容选取的重点应围绕课程主要目标，即培养学生进行口头和书面商务沟通与磋商的能力，所以选取口语任务、阅读任务、写作任务及后续练习中的英语练习部分，如角色扮演、演讲陈述，作为课堂核心教学内容，同时在前后分别加入单元概述、商务知识技能讲解和单元小结等内容。至于单元的其他部分，可安排学生在规定时间内完成自学和消化。

（三）内容形式显特色

商务英语拓展课程作为大学英语后续课程，应凝练并体现出自身特色。具体来说，这个特色可以体现在两个方面：一方面是新增了国际贸易专业（方向）的知识与技能，另一方面涉及语言知识和语言技能部分的（课堂）教学内容和形式要与基础阶段的大学英语读写译、视听说课程有较大区别和提升。对于每一个教学单元，教师都需要对教学内容和教学形式做到胸有成竹，能提炼出本单元最为核心的商务知识技能、商务英语表达和模拟应用训练。通过提炼，商务英语拓展课程的特色才能得以展现；在内容上，商务知识技能与语言知识技能得以充分结合；在形式上，创设接近真实的商务情境，从而激发学生参与模拟应用训练的积极性，在完成任务过程中去完成问题的理解、知识的应用和意义的建构。

四、教材的选择原则

教材的选用对于本科生课程目标的实现至关重要，商务英语课程的教材选用应遵循以下四个原则。

第一，全面性，即包括国际商务（贸易）主要活动和环节。

第二，多样性。即涵盖语言综合技能训练，突出口语技能培养，练习围绕单元主题内容，模拟现实商务交际情景，形式各异（包括对话、讨论、演讲及角色扮演等）。

第三，实用性。即选题紧扣当今国际商务活动，提供大量真实和实用的语言输入和语言模仿机会，通过商务交际活动，既能掌握语言技能，又能学到商务知识，同时真正提高商务沟通能力。

第四，针对性。即课程内容和语言方面针对中国学生及商务活动特点而设计，并充分考虑教与学的一般因素，力求快捷高效、重点突出且学以致用，配有教学课件和练习答案。

在实践中，教师一般通过选用经典教材、国家级规划教材等，来实现上述原则的要求。

第二节 商务英语教学的多元统一性原则

一、商务英语的英语语言教学原则

语言是符号系统，是以语音为物质外壳，以语义为意义内容，音义结合的词汇建筑材料和语法组织规律的体系。语言是一种社会现象，是人类最重要的交际工具，是进行思维和传递信息的工具，是人类保存认识成果的载体。语言具有稳固性和民族性。

根据 Halliday、Hutchinson 和 Waters 等人的观点，可以这样界定商务英语的属性：商务英语是 ESP 的一个分支，是商务共同体成员在从事商务活动时所采用的英语语言变体的总称，它并不是一种特别的语言，而只是英语在商务语境中的运用。

商务英语教学首先是一种体系教学，商务专业知识的学习是建立在语言基础的。通过商务英语的学习和实践以获得从事各种商务活动的知识，寻求语言能力的培养和商务英语知识学习的最佳结合点，将语言知识、交际技能、文化背景知识和商务知识融于一体。商务英语教学则从商务活动出发，编排设计出实用性很强的教学内容，教学中突出商务活动中的英汉双语交流与公关沟通能力，词汇、语法、语篇教学是进行专业知识学习的基础，专业词汇的学习是建立在普通英语的基础上的，否则专业知识的学习就会受阻碍。教学目标是全面提高学生商务交流和应变能力，使学生具备清晰而准确的商务业务语言、丰富的商务理论和一定的实践经验，能与外商、同事、经理，以及国内外客户进行快捷有效的沟通，完成产品销售等各种商务活动任务，或者在从事商务活动的研究和规划工作教学中要求学生掌握的英语词汇量一般低于主修普通英语专业的学生，但同样要求通过英语专业四级乃至八级考试。所以，商务英语教学首先是语言教学。

二、商务英语的商务专业知识教学原则

商务英语是专门用途英语中的一种。商务英语教学是商务专业知识教学，因为商务英语教学的培养目标是为外经贸和涉外企事业单位培养具有开阔的国际视野、扎实的语言基本功、系统的商务知识、较强的跨文化交际能力和较高的人文素质的应用型商务英语专门人才。在知识结构方面，要求学生熟悉商务概论、市场营销、人力资源、企业管理、物流和国际贸易方面等基础商务理论；在能力方面，注意培养学生的语言应用能力、商务实践能力和跨文化沟通能力，同时提高学生的社会责任感、团队协作精神和道德情操。其中，理论教学目标是通过商务英语专业的学习，掌握国际商务概论、管理学、人力资源、物流、国际贸易、国际商法、跨文化交际（国际商务文化与礼仪）和金融学方面等基础商务理论，能运用商务和跨文化知识从事对外商务工作。除了商务英语教学的培养目标是以学习商科专业知识为主要内容，商务英语的课程特色是商务英语教学以专业为依托，体现学生未来职业特点；依托学生所学专业，淡化语言自身体系，拓展学生的英语职业能力，突出专业性。这也说明了商务英语教学是商务专业知识教学。

三、商务英语的实践教学原则

商务英语首先是语言教学，因为它是建立在语言学习基础之上的。语言的学习过程本身就是听、说、读、写、译五个方面的综合，因为商务英语教学的实践技能目标是能用英语和所学的商务知识进行对外沟通和交流，能参与各种商务会议和讨论，从事各种商务活动。

实践是培养英语语言运用能力的有效途径。英语语言运用能力的形成需要基本的语

言规则和词汇知识及其运用能力作支撑，但综合语言运用能力的形成与发展则需要学生进行不断的语言实践。在模拟或真实的环境中，学生通过大量的交谈、阅读和写作等活动，完成不同目的的语言学习操练或交际任务。

四、商务英语的人文素质教学原则

商务英语教学是综合性极强的教学，内容几乎包括了人文学科所有的内容。同时，商务英语的素质目标是提高学生的社会责任感、团队协作精神和道德情操。商务英语专业毕业生毕业后所从事的商业活动主要是国际贸易活动，这就必然涉及跨文化交际活动，在跨文化交际活动中必须彰显人文精神跨文化沟通概念的来由，源于经济的全球化，国际的交流首先是文化的交流。所有的国际政治外交、企业国际化经营、民间文化交流与融合，都需要面对文化的普遍性与多样性，研究不同对象的特征，从而获得交流的成果。

第三节 建构主义教学理论

一、建构主义理论概述

建构主义理论教学观的核心内涵是强调"学"，强调以学生为中心，强调学生对知识的主动探索和主动建构。这也与传统的以教师为中心，强调"教"，有着本质上的区别。建构主义理论也是任务型教学、辩论教学的重要理论基础，建构主义理论认为，学习发展是社会合作活动，知识是由自己构建的，而不是由他人传递的。这种构建发生在与他人交往的环境中，是社会互动的结果。强调学习者个人从自身经验背景出发，建构对客观事物的主观理解和意义，重视学习过程而反对对现成知识的简单教授；强调人的学习与发展发生在与其他人的交往和互动之中，教学应该置于有意的情景中，而最理想的情景是所学的知识可以在其中得到运用。建构主义理论支持下的任务型语言教学主张学习过程充满真实的个人意义，要求外语教师学会促进学习者的全面发展、学习能力的发展、积极的情感因素和健康人格的发展。

因此，建构主义学习理论认为"情境""协作""会话"和"意义建构"是学习环境中的四大要素或四大属性，情境学习环境中的情境必须有利于学生对所学内容的意义建构，这就对教学设计提出了新的要求。也就是说，在建构主义学习环境下，教学设计不仅要考虑教学目标分析，而且要考虑有利于学生建构意义的情境的创设问题，并把情境创设看作教学设计的最重要内容之一。

协作发生在学习过程的始终，协作对学习资料的搜集与分析、假设的提出与验证、学习成果的评价直至意义的最终建构均有重要作用。会话是协作过程中的不可缺少环节。学习小组成员之间必须通过会话商讨如何完成规定学习任务的计划。此外，协作学习过程也是会话过程，在此过程中，每个学习者的思维成果（智慧）为整个学习群体所共享，因此会话是达到意义建构的重要手段之一。意义建构是整个学习过程的最终目标，所要建构的意义是指事物的性质、规律，以及事物之间的内在联系。在学习过程中帮助学生建构意义，就是要帮助学生对当前学习内容所反映的事物的性质、规律，以及该事物与其他事物之间的内在联系达到较深刻的理解。

建构主义强调学生是认知的主体，学生应该认识到自己拥有解决问题的自主权，通过独立探究、合作学习等方式，努力使自己成为知识的积极建构者，逐步提高自控能力，学会自主学习，为终身学习打下良好的基础，同时又不忽视教师的指导作用。教师是意义建构的帮助者、促进者、支持者、引路人和评价者，教师要为学生创设良好的学习情境，提供多样化的信息来源。可见，有效的教育是建立在学习者真正理解的基础上的。

二、建构主义理论在商务英语教学中的运用

商务英语阅读教学是一种双向活动，既需要教师做领路人，发挥带动、引导作用，又要学生积极配合，发挥主观能动性，只有两者有效地结合起来展开教学，才能达到良好的教学效果。在教学过程中，教师的作用举足轻重，贯穿始终。教师作为学习活动组织者和指导者，必须充分发挥引导作用，调动学生的求知欲和学习兴趣。同时，学生在课堂上需要精神高度集中，积极进入角色，营造浓郁的学习氛围。在商务英语和商务知识学习的统一过程中，学生的学习策略应当充分注重商务专业知识与英语语言之间的有

机结合和相互映照，商务英语知识与商务英语技能的相互转化，商务英语课程与商务英语实践的有效对应。

因此，作为教师，在商务英语阅读教学中应遵循以下原则。首先，教师在备课时应搜集大量的相关信息，以引起研究性学习的基本动力。其次，教师要为商务英语学习者提供必要的专业知识咨询，使学生的自主研究得到认可和肯定。再次，在教学活动过程中，教师利用学生间的交流、伙伴效应，从心理上鼓励学生在商务英语学习的对话中深入思考。最后，教师应督促学生记录下他们的学习体验和成果，以备交流提高。

（一）在问题的解决过程中培养学生自主学习能力

建构主义主张"在问题解决中学习"，心理学的研究也表明，发现问题是思维的起点，也是思维的源泉和动力。因此，在课堂教学中，教师应注重激发学生思维的积极性，培养学生的问题意识。此外，教师还要善于挖掘素材，努力创设各种问题情境，鼓励、引导学生多角度、多层面地深入探索问题，用疑问开启学生思维的心扉，启迪学生智慧，帮助他们不断挑战自我，挑战极限，享受到探索问题给自己所带来的快乐。从而在探索问题的过程中，将知识的理解引向深入。

（二）以合作学习为主要策略

在建构主义教学过程中，学生的学习不像传统教学观认为的那样，是一种比较"孤立"的个人竞争行为，而主要是通过师生之间、生生之间的相互合作逐渐完成的。在教师的指导和、帮助下，学生从这种相互作用中主动开发自己的思维，并完成自己知识意义上的建构，即教学过程是在师生交往、互动的过程中完成的。从活动的角度看，教学过程是教师和学生、学生和学生相互作用、相互影响的结果。在教学过程中，每一个要素都会产生一定的力，但最终导致教学效果的力并不是各要素之力的简单相加，而是各要素间可互相配合、互相促进，从而产生一种"合力"，取得最佳的教学效果。

（三）以探究与创新能力作为培养目标

在教学原则及各种教学方法中，建构主义一再强调对学生探究与创新能力的培养上，把其放在了一个极其重要的位置上。建构主义着重培养学生的自主性学习能力、探究性学习及创新性学习能力。传统的教学观基本上否定了学生学习的主动性和积极性，表现为把教师作为知识的传授者，学生是被动的接受者。而建构主义认为，"学习者在学习过程中具有主观能动性"，学生的学习应该是积极主动的。在学的意义上，学生是教学的主体，离开学生积极主动的参与，任何学习都是无效的。而在教的意义上，教师是教学的主体。教师的作用，就在于明确学生的主体性，积极利用所有可能的教学信息资源激发、引导学生主体性的发挥，促进学生学习。这种主动性在知识建构过程中具有重要的支持作用，建构主义的这一教学过程既有利于学生智力因素的发展，又有利于学生非智力因素的培养。

教学不是一种知识传输的过程，而是一种使学生产生稳定的探究心理并进行积极探究的过程。教学应把学生所学知识置于多种具有一定复杂性的问题情景中，或镶嵌于活动背景中，使学生对知识形成多角度的理解，或结合自己原有的经验来学习探究新知识，建构自己对各种问题的观点和见解，建构自己的判断和信念。

英语阅读能力的提高要借助外界多种因素，最终通过学习者自身积极的、主动的、探究的学习和努力才能得以实现。建构主义理论重视情境设置、意义建构、协作学习和发挥学生的学习自主性，符合增强英语阅读能力的认知规律，有助于实现商务英语阅读教学以学生为中心、以能力培养为中心的教学观。实践证明，只有教师积极为学生创造和提供一定的外部条件，引导学生积极参与，从中主动建构知识，才能实现促进学生提高知识的运用能力，锻炼思维能力和培养主动学习精神和创新意识。

第四节 语篇分析理论

一、语篇分析理论概述

语篇理论并不是一个新兴的理论，从 20 世纪 60 年代至今，它在外语教学中已经得到了广泛的应用。20 世纪 80 年代中期，国外的一些语言学家提出了语篇教学大纲的设想。很多国内的语言学家将它应用于英语教学的许多方面，这符合《大学英语教学大纲》中规定的"不仅要重视句子水平的训练，还要快速、逐步发展在语篇水平上进行交际的能力"的原则。外语教学不能仅局限于教授同汇、句子，而应该注意培养学生语篇分析的能力。

目前，"语篇分析"基本上取代了其他的术语，它是指对比句子更长，以交际为目的的语言段落（包括口头话语和书面语）所做的语言及交际功能的分析，旨在找出带有相似语境的话语系列，并确定其分布规律。

二、语篇分析理论在商务英语教学中的应用

（一）商务英语的语篇特点

可以从以下三个方面界定商务英语语篇。（1）目的性。任何商务语篇最重要的特征是强烈的目的性，语言被用来达成某项目的，顺利完成商务交易，例如建立贸易关系、作商业汇报等。（2）社会性。商务英语语篇常常涉及众多跨文化交际场景，需要一种约定俗成的方式让来自不同文化背景的人相处融洽，在短时间可高效地完成各种交际，所以商务英语语篇非常仪式化，程式化的语言广泛应用于交际场景，比如问候和介绍等。（3）清晰感。商务英语偏好使用清晰、富有逻辑性的语言，来降低交际中的误解。

（二）语篇分析理论在商务英语听力教学中的应用

语篇功能指的是人们在使用语言时怎样把信息组织好，同时表明一条信息与其他信息之间的关系，而且还显示信息的传递者与发话者所处的交际语境之间的关系。一定的语篇有其一定的语篇结构，它是该语篇的整体构造。

听力的过程是一个寻求意义、预测、证实和排除预测的过程，听者运用已有的知识经验去搜索语篇信息，并利用已得的信息对语篇的内容进行猜测，学生在听力中遇到的主要障碍是在听音过程中和答题过程中不能最大限度地利用已掌握的信息，达到理想的理解状态。

学生在听音时往往有先翻译再理解的倾向，所以常常会手忙脚乱，大脑忙于处理上一段信息而错过了下一段信息。此时，教师应帮助学生克服精神紧张和焦虑感，树立信心，去利用语篇信息来理解整个听力语篇。而最为重要的是，在教学中应注意培养学生的语篇意识，教师要告诉学生：第一，听不懂部分内容是难免的，听力再好的人也没有把握听懂百分之百的内容，所以不用着急。第二，这一部分的信息完全有可能在语篇的其他地方以别的形式再次出现，或者可以通过上下文做出合理的推测。第三，根据语篇

结构潜势理论，没听懂的这一部分很可能是一个辅助要素，没听懂也不一定会影响对整个语篇的理解。这样，学生就能真正建立起心理优势，为利用语篇特点进行合理的分析和推测做好了准备。

另外，教师在听力训练后对所听语篇内容的总结也很重要。一方面，在对于提高学生的语篇意识起到了指导作用，学生可以通过这种总结了解到推测失误的症结在于对语境变化的了解不够充分。另一方面，也通过这种形式对学生的语篇知识掌握做一个补充，使其在遇到相似语境时能做出更好的推测。

（三）语篇分析理论在商务英语读写教学中的应用

鉴于商务英语语篇的特点，在教学中可以运用语篇分析的方法有针对性地培养学生的各种技能，例如图式理论。图式可以分为三类：语言图式、内容图式和形式图式。语言图式是指语音、词汇、语法等方面的语言知识。内容图式是指对语篇主题、文化背景等的熟悉程度。形式图式通常指的是文章的体裁、结构等。简而言之，"图式"是指围绕某一个主题组织起来的知识的表征和贮存方式。例如提到"交通"，你可能会想起各种机动车辆、交通工具、立交桥和高速公路等，这说明这些储存在人脑中的知识是相互关联的。商务英语教学就是要依据商务英语语篇特点建立并激活图式结构，将新信息融入已有图式，产生新图式，丰富头脑中图式的内容，进一步理解相关语篇，并能写出或者翻译出符合商务英语用语习惯，适用于商务英语交际场景的语篇。

传统商务英语阅读教学忽略了商务英语作为专门用途英语的特殊性，注意对阅读材料语法分析，逐字逐句讲解，逐句逐段翻译，其结果是"只见树木不见林"，影响了对文章的整体理解，忽略了对商务文体的把握、商务和文化背景缺失，学生能够就重点词汇、短语和句子进行正确问答，却不了解整篇文章的框架结构、篇章连接方法，不能概括文章大意，对类似文体起不到举一反三的效果。所以在语篇分析理论指导下，商务英语阅读不应将语言分析抽离于商务语境、背景知识和体裁之外。在讲授阅读语篇之前，教师应当通过问题导入、小组讨论等课堂活动，激活学生脑海中相关知识的旧图式，并在此基础上补充信息。

语篇分析对商务英语写作教学的影响颇为典型的体现是在商务书信上，商务书信语篇有着较为固定的模式，模式规范的书信有助于扩展业务和增加收益，相反，不规范的书信可能会令公司蒙受损失和失去发展机会。商务书信应当遵循相同的格式：目的—情况—行动。程式化的语言可以使得商务书信简明、扼要，并最大限度地减少误解，传达信息。

第三章 商务英语教学的发展

第一节 商务英语教学的发展历程

语言学研究表明，语言是随着社会的发展而发展的。商务英语学科作为专门用途英语的一个分支，其出现和发展必然有其社会历史渊源。在第二次世界大战结束后的一段时间，人类社会开始进入了一个前所未有的、大规模的科技和经济高速发展的时代。由于战后的美国在科技和经济方面发展最快，成了举世瞩目的科技和经济强国，美国的官方语言——英语便成了国际上科技和经济活动中最通用的语言交际工具。20世纪下半叶，由于学习英语的观念和目的发生变化，在英语教学的课程设置和教学内容等方面发生了一场革命。这场学习革命的结果是专门用途英语应运而生。专门用途英语在欧美国家的发展始于20世纪六七十年代，当时首先兴起并得到迅速发展的是科技英语。商务英语的发展则稍晚一些，于20世纪80年代才热门起来。现在，每年世界各地都有大量的考生参加英国剑桥商务英语（BEC）考试和美国普林斯顿考试中心的国际交际英语（TDEIC）考试。商务英语学科在中国兴起和发展与近现代中国的历史命运密不可分，形成具有时代特色和中国特色的商务英语学科。

一、商务英语教学兴起

20世纪50年代初，中国在北京设立的高级商业干部学校，即对外经济贸易大学的前身，是商务英语教学的发祥地。当时的课程被称作"外贸英语"，并一直沿用到20世纪80年代。

改革开放后，随着中国科技和经济的崛起、国际贸易的不断增多和国际地位的不断提升，对商务英语人才的需求日益增长，关于商务英语学科和教学的研究在中国兴起，并很快成熟起来。

二、商务英语教学的发展

中国实行对外开放政策之后，为了满足社会主义市场经济的发展需要，英语专业的学生除了要学习英语语言外，还需要学习商务知识，学校开设了相关的商务课程，如国际营销、企业管理、国际贸易、国际经济合作等。学习这些课程就是为了把商务知识和语言知识融合在一起，即在学习语言的同时学习商务知识，在学习商务知识的同时提升语言的能力。

教育部首次批准在对外经济贸易大学设立我国第一个商务英语本科专业，这标志着商务英语经过 50 多年的发展，第一次在我国高等教育本科专业序列中取得了学科地位。2008 年，教育部又批准广东外语外贸大学和上海对外贸易学院开办商务英语本科专业。在此之前，不少高校的英语专业转往商务英语方向发展，教师的商务英语研究成果辉煌，学生热衷于报考商务方向的英语专业，全国范围的商务英语研讨会越开越大。

自 20 世纪 80 年代中后期以来，我国已有 300 余所大专院校开设了国际商务英语课程或设立了国际商务英语学科。我国商务英语教学起步较晚，这方面的教学与研究是从 20 世纪 90 年代兴起的，并很快形成了热潮。20 世纪 90 年代是商务英语在中国快速发展的时期，商务英语培养复合人才得到国家认可。这种途径开始受到广泛重视，目前，我国一些实力较强的经贸类院校和外语院校不但招收了商务英语专业的本科生和专科生，还招收以商务英语为研究方向的硕士研究生，中国国际贸易学会还成立了国际商务英语专业委员会。

但目前，我国对商务英语的指导思想还未形成统一的认识，我国高校的商务英语专业教学在认识上还存在一些偏颇。有专家认为，现行的商务英语课程体系从教材选择、教学环节到教学方法，基本上沿袭了普通高校大学英语的教学模式，未形成具有职业特色的课程体系。此外，学术界对商务英语专业的学科定位也存在争议。例如，商务英语专业培养的是懂英语的商务人才，还是懂商务的英语人才？我们需要的是具有深厚英语功底的商务教师，还是具有商务背景的英语教师？在教学中是以英语教商务，还是以商务为内容教英语？目前，国内对商务英语教学还没有统一的教学大纲，没有统一的课程标准。

笔者认为，商务英语是英语语言和商务知识的完全融合，在语言的学习使用过程中学习商务知识，在商务知识的学习过程中提升语言的应用能力，二者相辅相成，不应该单独强调哪一个方面，二者的地位应该是平等的。

第二节 商务英语教育的未来展望

商务英语作为一门与世界外贸经济接轨的学科，要求学生不仅拥有扎实的专业英语基础知识，还需要具备商务知识和商务环境中灵活运用英语的实践能力。商务英语的教学主要对策和发展趋势，表现在以下方面。

一、课程设置多层次、多样化

为适应新时代的发展要求，现代科学需要各个学科之间互相渗透、相互综合。因此，在商务英语课程设置上，需要更多地体现多层次、多样化的发展特征，以满足学生的发展要求，提高学生多学科性、综合性发展，拓展学生多层次、多样化的视野。同时，为了适应社会各界对商务英语不同层次的人才需求，各个院校在课程设置上，不应局限于对学生进行英语知识或者商务专业知识的培养，而需要在语言技能、商务实践环节和人文素质三个方面加强培养，并与各个领域相结合，开设更为合理、更实用的课程，培养更多符合市场需要的复合型专业人才。

二、师资力量进一步改善

高校只有拥有了强大的专业化的师资力量，才能让学生拥有更好的发展。针对商务英语专业化师资缺乏的现状，首先，应当加强传统英语教师对商务知识的学习和培训，以便更好地实施教学活动。其次，可以让一些教师进入相关外贸公司或者商务有关部门进行短期的实践操作和培训，提高教师的商务英语实践教学的意识和能力。最后，需要重视具备商务英语基础的教师，加强其实践能力的培养和培训。

三、改革教学模式和教学方法

为适应日益发展的外贸经济需求，改革高校商务英语的教学模式和教学方法是必然的发展趋势。首先，需要加强教师与学生互动的改革，采取以学生为主体，教师为主导的师生协作的教学模式。在这种模式中，教师不再是课堂上的主角，而是整个课堂的设计者和参与者，教师应当根据学生的基本情况，来设计相关的课堂内容、分组讨论话题、教学活动项目和模拟情景等多方面的师生互动活动，培养学生的积极性和创造性思维。其次，需要执行案例讨论模式。案例法教学模式主要在于培养学生的分析技巧、思维能力和沟通能力。教师针对案例设计思考题，要求学生尽可能以英语为主要表达语言，来参与、思考、分析和辩论，实现学生口语表达能力、思维应变能力和沟通技巧的提高。最后，实施商务真实环境模拟教学模式。利用教师和学生之间的互动，扮演商务环境情境中一定的角色，来实现商务环境的交换思维、表达应变思维能力和工作实践能力的逐步提高。

四、学生实训教学科学化

实训教学不仅能巩固学生的英语和商务基础知识，而且能够培养和提高学生从事商务环境工作的职业能力。首先，以理论为主，配合实验教学，打好学生的商务英语专业的理论基础，安排一定的实训教学活动和项目，来增加学生的感性认识。其次，加大实训教学的力度，让学生通过实训教学熟悉商务活动的主要环节，能够熟练运用商务英语专业知识。最后，增加学生实训的实践性机会，高校需要积极争取与外贸公司、商务部门，以及相关商务英语事务机构的合作，安排学生从事商务环境工作的见习，让学生通过实习锻炼提高实践能力。

生本教育倡导教学要以学生为主体，以提升学生的生命价值为本，自这一教学思想提出后，学术界对其进行了理论研究和实践探索，在社会上引起了强烈的反响。教育工作者要在思考生本教育在商务英语教学中的作用基础上，追寻生本教育的理论渊源，反思师本教育的弊病，以期使生本教育思想的本质在商务英语教学中得到真正的落实。

第三节 商务英语的教学新思路

教学思想是指人们对人类特有的教学活动现象的一种理解和认识，这种理解和认识常常以某种方式加以组织并表达出来，其主旨是对教学实践产生影响。教学思想有助于人们理智地把握教学现实，使人们依据一定的教学思想从事教学实践；有助于人们认清教学工作中的成绩和弊端，使教学工作更有起色；有助于人们合理地预测未来，勾画教学发展的蓝图。商务英语的教学新思路拓展应遵循的是教学资源立体化、教学任务项目化、教学内容模块化、教学方式情境化和教学手段多样化。

一、正确处理语言知识、商务专业知识和中西方文化差异的关系

商务英语语言的学习和使用离不开商务专业知识和中西方文化差异，三者密不可分。教师在教授专业知识的同时，教授语言知识；在教授语言知识的同时，教授商务知识，并在学习的过程中体现中西方文化的差异性。商务英语课程内容涵盖面广，主要涉及商务知识领域，因此商务英语应以英语语言为基础，以商科知识为依托，以行业需求为背景，以工作任务为导向，适合职场需求，把学生毕业后在公司里面不同岗位上的工作所能涉及的商务知识及其运用确定为一条主线，同时穿插一些英美习俗和文化，调动、激发学生的学习积极性。

商务英语虽然强调专业知识的重要性，但同时也重视语言的重要性。因为语言是人类的一种表达形式，它无限多的用途可以缩成几种基本功能，即寒暄功能、指令功能、

信息功能、疑问功能、表达功能、表情功能和言语行为功能，商务英语也不例外。商务英语专业的学生学习英语的主要目的是使用英语去从事各自的业务活动，在职场、社交、贸易和文化交流活动中，所涉及的涉外活动先是口头活动，然后才是业务中需要处理的商务文件，如商务广告和业务单据等。

二、正确处理教理论知识和教语言知识的关系

商务英语的理论知识，主要是学习相关的商科知识，即经济学的基本原理和基本知识、国际贸易操作流程、企业管理知识、人力资源内容、市场营销，以及物流等。在以往的教学中，往往都是只重视语言学习，虽然设置的是商务英语专业，但是大多数商务英语教师的水平仍然停留在语言层面，课程设置在"语言+专业（汉语）"这个简单的模式上，语言和商务知识没有融合在一起。

语言知识的教学要为专业知识的学习打下坚实基础，并且服从商务技能培养的需要，为商务语言技能的发展服务，应在教授理论知识的过程中提高语言应用能力，在学习语言的过程中掌握专业知识。也就是说，语言知识教学和专业理论知识的学习是通过使用、练习和实践而得到统一的，语言教学服务于商务专业知识的学习。所以，要学习、掌握好商务英语专业词汇，这是商务英语教学成功的保证。

三、准确定位培养模式

关于商务英语培养模式的构建，要树立"能力本位人才观"和"零距离在岗质量观"，优化商务英语专业人才培养模式，通过市场调研确定培养目标，按照工作岗位群进行细分，然后确立培养模式，进行实践教学。有专家提出要树立"宽、厚、活三维能力"模式，即"宽"基础能力、"厚"专业能力、"活"岗位群适应能力的三维能力模式。这种模式要求学生具有丰富的英语知识、熟练的商务专业知识和广博的人文知识。在语言方面，要求学生具有扎实的英语听、说、读、写、译的基本功，表达能力强；在专业方面，要拓宽口径，夯实基础，不断加大专业知识的教学力度和范围，在语言技能课中通过语言的学习获得商务知识，在商务专业知识学习中强化语言技能，并结合中西方文化差异进行实践技能的培养和应用，突出该专业"英语语言教学+专业知识教学（商科知识教

学）+商务技能操作教学（商务实践教学）+人文素质教育教学"的复合型人才培养特色，增强适应未来岗位群的柔性化特征，根据社会劳动力市场的变化，在一定时期内调整专业课程和内容，增强毕业生的择业能力和就业竞争能力。

除此之外，商务英语教学应先是语言教学，因为它具备语言教学应有的规律。这些规律有的是全局性的，有的是局部性的。在商务英语教学指导思想中，需要有商务英语教育哲学思想作统帅。哲学上关于理论与实践的统一、感性与理性的统一、矛盾的普遍性与特殊性的统一、对立统一、由量变到质变等基本观点和法则都适用于商务英语教学，哲学应该成为认识商务英语教学规律的重要武器。

对商务英语的哲学教育学思想至今无人问津，对此领域的研究还是一片空白。但对于商务英语教学，无论是在理论上，还是在实践上，都是不断发展的，商务英语的哲学教育学思想也应该随着商务英语理论教学和实践教学的发展而发展，应树立科学对待商务英语教学的指导思想，并秉持哲学教育思想的态度。

第四章 商务英语信息化教学

第一节 商务英语信息化教学模式

2016 年 6 月，教育部印发的《教育信息化"十三五"规划》明确指出，要通过深化信息技术与教育教学、教育管理的融合，强化教育信息化对教学改革，尤其是课程改革的服务与支撑，强化将教学改革，尤其是课程改革放在信息时代背景下来设计和推进。到 2020 年，基本建成"人人皆学、处处能学、时时可学"与国家教育现代化发展目标相适应的教育信息化体系，基本实现教育信息化对学生全面发展的促进作用。

商务英语信息化教学模式环境构建是在此背景下，以课程为基点，以信息技术为支撑，构建的商务英语信息化教学模式环境。

一、信息化教学模式

教学理论的具体表现形式之一就是教学模式。教学模式像一座桥梁，将教学理论和教学实践连接起来。也就是说，教学模式是基于一定的教学理论并在实践框架指导下，为取得某种教学目标而构建的教学活动结构和教学方法。信息化教学模式主要是为了改变以教师为中心的传统教学结构，实现以学生为中心的现代教学。

信息化教学模式既有一般教学模式的普遍特征，又有信息化教学的独有特征。传统教学模式与信息化教学模式的区别就是选择适合教育的学生和选择适合学生的教育。信息化教学具有传统教学无法比拟的优势：一是信息源丰富、信息量大，有利于理想的教学环境的创设；二是更易于发挥学生的主动性和积极性；三是更易于实现个性化教学，实施因材施教；四是更易于实现互助互动，实现协作式学习；五是更易于培养学生的信息处理能力、自我导向能力和创新精神。

随着信息技术与教育的结合，不同的信息化教学模式也在构建和实践，如基于资源的主题教学模式、项目驱动教学模式、网络协作学习教学模式、案例导向教学模式等。

但是，在信息化教学模式的构建过程中，还存在一些问题：一是教学模式理解偏简单化，认为信息化教学模式就是将现代信息技术手段和传统教学模式简单结合；二是教学模式选择偏向万能化，认为信息化教学模式能解决一切教学难题，忽略教学是复杂性的工程；三是教学模式应用偏僵化，直接将别人的教学模式生搬硬套于自己的课堂教学中，没有适应性改进。因此，有必要对信息化教学模式进行分析、整合和重构，构建适合特定区域、特定课程的信息化教学模式。

二、商务英语信息化教学模式环境

商务英语信息化教学模式环境，其实质是智慧学习环境。黄荣怀认为，智慧学习环境是能够感知学习情境、识别学习者特征、提供合适的学习资源与便利的互动工具、自动记录学习过程和评测学习成果，从而促进学习者有效学习的学习场所或活动空间。智慧学习环境要激发和发挥学习者的智慧性，激发学习者强烈的学习欲望和创造力，发挥主观能动性，形成智慧学习。这样的智慧学习环境具有以下四个方面的特征。

第一，技术更智能化。互联网、大数据、云计算、人工智能、虚拟现实、增强现实等技术应用在教育场景，使教学环境智能化特征更突出，能实现感知物理环境、感知学习情境、记录学习过程、识别学习者特征，以及提供更加真实的体验等。

第二，学习更个性化。识别学习者特征是实现个性化学习服务的前提和保障。学习者特征包括学习者知识水平、学习风格、学习兴趣、认知特点和情感状态等。智慧学习环境在人工智能技术、学习分析技术和交互文本分析技术等的应用下，感知学习者学习特征，自动获取学习过程信息、分析学习行为、提供及时反馈、推送合适的学习资源，真正激发学习者的积极性和主动性，促进学习者的个性化学习。

第三，交互更开放化。虚拟现实、增强现实技术能提供立体的人机交互，呈现丰富、逼真的学习场景，实现真实空间、虚拟空间和投影空间的转换。人机交互技术能够超越传统二维平面上的人机交互，实现三维空间人机交互，识别语音、手势和人体动作等，大大提高学习者在现实场景中与虚拟对象交互的准确度。

第四，功能更集成化。智慧学习环境集智慧学习系统、智慧教学系统、智慧评价系统、智慧管理系统和智慧环境保障等功能系统于一体，为学习者提供更加一流的学习服务和更加舒适的学习环境，是信息化教学模式进一步发展的产物。

商务英语信息化教学模式依存的环境是一体化的智慧学习环境，主要由三个方面构成，即物理环境、虚拟环境和教学共同体。

（一）物理环境

物理环境是智慧学习环境的基础环境，处于第一层，它主要包括物联网设备、教室基础设备和多媒体教学设备。

物联网设备，包括传感器和 4G 网络设备。传感器包括温度传感器、湿度传感器、光照传感器和色彩传感器等，主要作用是为学习者提供最舒适的学习环境，并根据学习情境自动调整和匹配，让学习者在适合的学习环境下身临其境，具有更真实的学习体验。4G 网络设备主要是提供高速网络，保障顺畅和高清的实时监控、录播和远程教学等。

教室基础设备，包括动态桌椅、PC 终端、主控终端、服务器、无线路由器和移动充电器等。这些设备有利于学习者组合学习小组，进行话题讨论，开展沙龙活动等，为学生的创意提供基本的空间布局环境。

多媒体教学设备，包括音响、无线投影、移动终端、交互展示屏、LED 显示屏、Wi-Fi 摄像头和高清摄像机等。这些设备主要用于课堂教学，有利于实现互动教学、对教师和学生实行监控、实时录制课堂学习情境、形成生成性学习资源等。

（二）虚拟环境

虚拟环境是智慧学习环境的服务环境，处于第二层，它主要包括情境、资源、工具、虚拟共同体四个方面。

情境主要由物联感知系统和情境管理系统构成。物联感知系统通过对温度、湿度、亮度和色彩等的感知，调整外在学习环境，来匹配学习情境，让学习者沉浸在具体的学习体验中。情境管理系统能够针对学习者所需而进行情境识别、情境分析、情境创设。

资源主要包括资源库、资源平台和资源管理系统。资源库用来存储教学产生的教学数据和学习数据等。资源平台主要有 MOOC 学习平台、精品在线开放课程平台、校级学习平台、移动端学习平台，以及其他各类学习网站等。资源管理系统包括资源调用系统、资源入库系统、资源排序系统、资源评价系统、资源汇聚系统、资源订阅系统，以及资源推送系统等。

工具包括智能控制终端、教学系统和管理系统三个板块。智能控制终端包括中控系统、传感网系统和无线网络系统等，是智慧学习环境的基础保障。教学系统包括教师自助跟踪系统、学生自助跟踪系统、云平台管理系统、信息发布系统、即时反馈系统、远程互助系统、数据存储系统、教学辅助软件、同步录制系统、智能导播系统、视频监控系统，以及教学评价系统等，是教学环节从始至终的流程控制，是信息化教学开展的主要保障。管理系统包括智能门禁系统、人员考勤系统、资产管理系统等。

虚拟学习共同体，包括远程教学专家、教师、学习者和智能助手等，是学习者主动学习、分享交流的重要对象和伙伴。

（三）教学共同体

教学共同体包括实施教学的教师（组织者、指导者）和学生（学习的主体、教育教学服务的主体），处于第三层。通常情况下，一个班级的商务英语教学组织和指导由一个教师完成，这个教师的教学理念、教学态度、教学方式、教学能力、知识储备、管理能力和信息素养等，对学生的学习效果有直接和间接的影响。对某个学生来说，班级里的其他同学就是学习共同体的成员，彼此间的智力因素相差不大，但是非智力因素对学习效果的影响较大，且学习共同体成员间差异较大。非智力因素主要包括学习动机、学习需求、学习态度、学习方法、意志力、竞争意识和情绪情感等。教师和学生处于教学共同体中，互相影响、互相促进。通过对教学共同体中的教师和学生的行为和状态进行跟踪、记录和反馈等，既能实现信息化教学模式的智能智慧，又能使教学者和学习者的能力得到提升，教学相长在这样的环境下更容易实现。

三、商务英语信息化教学模式构建的关注点

（一）关注信息技术在教育领域的应用和发展

信息技术在中国高等教育中已经得到较大应用和发展，如翻转课堂、创客空间、移动端学习、大规模在线开放课程等。在未来，教育技术还会得到更进一步发展，如学习分析及适应性学习、增强现实及虚拟现实、量化自我、情感计算、立体显示和全息显示、

机器人技术等。未来一至两年，推动中国高等教育技术应用的关键趋势是：混合式学习设计和教学的普遍应用、开放教育资源的快速增加、STEAM 学习的兴起。而未来三至五年，推动中国高等教育技术应用的关键趋势则是：重设学习空间、跨机构协同日益增加、反思高校运转模式。在关注教育信息技术发展的同时，可以应对的方面包括将技术融入师资培训、混合采用正式与非正式学习、提升数字素养。当然，未来也会面临技术应用的重大挑战，如个性化学习、教育大数据的管理问题、推广教学创新、培养复合思维能力、重塑教师角色等。

（二）关注教学中的核心要素——教师

教师是实施教学的主体，其作用不仅体现在课堂教学过程中，还体现在教师对学生人生观和价值观的无形影响。一直以来的观念认为，教师是人类灵魂的工程师，只有先改变教师，才能改变学生。信息化社会不断发展，教育信息技术日新月异，没有教师的与时俱进、积极参与信息化教学改革，信息化教学模式就无法实现，培养学生的信息化素养更无从谈起。

教师在课堂教学中运用信息技术一般会经历五个阶段，即初始、采纳、适应、领会和创新。在运用信息技术的发展过程中，这些阶段之间有一定的循序渐进性，但它们的达成和发展需要教师在运用信息技术的过程中不断学习、探索和反思。教学过程中需要运用什么样的教育信息技术，其效能怎么样，都需要教师的精心设计和思考，并在教学实践中不断总结和提高。

现代信息技术的不断发展，必然在教育领域产生重要而深刻的影响。现代信息技术与高等教育教学不断深入融合，必然将高等教育推向现代化高等教育。信息化教学模式的发展，会将学习推向智慧型学习，培养和发展学生的智慧性。

第二节 商务英语信息化实践教学平台

商务英语专业将"培养能够适应社会主义市场经济的高级应用型、技能型、复合型人才"作为专业培养目标,培养过程中的实践教学是重要环节。但多种原因造成了众多本科院校普遍存在商务英语专业实践教学难以开展的情况,实践教学方面普遍存在着以下几个问题。

第一,在实践客观条件方面,缺少专业商务英语实验室,相关课程只能开设于普通实验室,受限于场地及设备条件,实践训练效果与专业水平仍存较大差距。

第二,在师资方面,缺少兼具理论基础与实践经验的技能型实践教学教师队伍,具有企业工作经验的双师型教师缺乏,实践教学指导基础薄弱,理论教学与实践指导脱节问题时有出现。

第三,在实践机会方面,受限于企业"客户及业内信息保密性"等因素,学生普遍难以获得在企业一线实践学习的机会。同时,具有较高技术性的商务英语相关工作岗位本身所能容纳的人员数量有限,即使学校与企业签订实训基地协议,企业也无法同时解决大批商务英语专业学生的实践需求。

综上所述,高校商务英语专业教学中实践训练缺失问题明显,"学以致用"实现起来较为困难。

近年来,众多高校在商务英语专业课程中引入新型教学方法及信息化教学手段,引入各类型教学平台和教学软件等,通过平台和软件为学生提供了丰富的学习辅助资源及配套练习,对商务英语教学及学生语言应用能力提升起到一定的促进作用。但与此同时,此类软件普遍存在"以教师为主导,缺少学生实践训练"等共性问题,尚无法融入商务英语专业实践教学课程体系中。如何在有限的教学时间内有效提高学生的实践水平、如何提高学生对专业知识的运用能力、如何缩短学生融入职业角色的时间而培养与企业需求相符的商务人才,是目前高校商务英语专业亟待解决的重要问题。

一、商务英语实践平台拟解决的相关问题

本节探讨通过信息化技术构建商务英语实践教学平台,来解决实践教学中存在的实践机会匮乏、教学辅助软件功能不足等问题。平台的构建将为解决该专业学生实践训练机会不足的现状提供思路,为应用型人才培养目标的达成提供解决方法。

第一,解决现有软件平台以教师为主,学生缺少实践训练机会,难以融入实践教学课程体系的问题。摆脱课堂教学中的虚拟假设场景,打破传统商务英语教学中教与学、

指导与实践等在时间及空间上的限制。

第二，增加商务英语专业学生商务实践机会，解决因"专业实验室缺失""双师型教师不足"等原因造成的学生实践机会缺乏、实践教学效果达不到预期等问题。全面提升学生商务英语综合应用能力和实践活动能力，激发学生自主开展实践活动积极性，有效提高学生的实践水平，促进学生对专业知识的运用能力，缩短学生融入职业角色的时间。

第三，平台中企业导师制的引入确保了实践指导的有效开展，将有效改善商务英语专业双师型教师不足的现状。同时，也可根据企业导师及用人单位的反馈意见，及时调整商务英语专业课程结构及培养路径，提升课程教学效果。

二、商务英语实践教学平台的构建

平台构建目的：让教育者与学习者均能借助现代教育技术、信息资源和教学方法进行相关活动。

平台构建基本原则：以信息技术为支撑，以现代教育教学理论为指导思想，遵循商务英语专业"学用紧密结合、实践运用至上"的基本原则。

平台构建目标：打造一个专业知识丰富、互动交流性强、实践运用面广、资源更新及时的实践教学平台。平台结构包括用户、功能和资源三大模块。

（一）平台用户

平台用户包括教师、企业导师和学生。在信息化背景下，教师更偏重对学生学习方法的指导，通过调动学生的学习主动性和积极性，提高他们获取信息的能力，以及充分利用信息资源快速、高效解决问题的能力。平台创新之处在于引入企业导师参与，学校可通过客座讲授、外聘教师等形式，寻找合适的外资企业从业人员担任平台顾问，并通过各种信息化手段来指导学生开展实践。通过教师、导师的引导，学生将原来单一、被动、接受式的学习方式逐渐转变为自主探究、亲身实践、合作学习的方式。

（二）功能模块

1.功能设计

平台主要设计听说训练、人机对话、情景模拟、互动训练和视频教学功能模块，力求紧贴商务英语专业人才培养方案目标，以商务英语专业领域实务工作为主线，结合商务学科知识，采用多媒体表现手法模拟各种商务场景并设计相关实践任务，在考核学生听、说、读、写、译五大基本语言技能的同时，侧重提高商务知识应用能力和商务实践技能。

平台拟同时开发 PC 版和移动版客户端，学生可通过手机、平板电脑、笔记本电脑等终端进行随时随地的实践学习，打破传统商务英语教学中教与学、指导与实践等在时间及空间上的限制，提高学习者的学习积极性。一方面，学生可通过平台的使用，对所学知识进行有效实践，即使身在学校依然能够通过平台提早接触专业商务实务案例，增加个人实践机会，在实践中发现不足，弥补缺陷。另一方面，通过平台的搭建，也可实现专业知识资源的合理化配置及共享，在完成高效传递知识的同时，实现知识的有效内化。

2.功能描述

听说训练：听说训练模块包含"听""说"两个环节，提供商务行政、公关、国际贸易、会展会议和国际金融等行业中多个不同岗位、职位的日常商务英语的听说训练，学生可以根据个人需求，选择想要练习的场景任务。

人机对话：受技术及开发成本限制，平台开发人机对话功能只限于相对固定的语言及情景模式设定。例如，平台发问，学生给予回答，同时平台会给出图片、文字加以说明，学生也可以根据文字或图片说明提问，平台会给出已设定好的回答。但如果学生对文字及图片有所误解，往往就会出现答非所问的情况，这就要求学生不断进行思考和解读。

模拟情景：模拟各种商务活动场景，学生以"旁观者"的角色参与其中，如秘书、记录员和旁听者等，过程重于体验。

互动训练：实践教学的课内外延伸，模拟"实训"的操作方式。学生通过互动训练开展各种小组合作项目，如开展各类商务活动（商务招聘、远程谈判等），在此过程中，学生交替扮演不同角色，交替轮换进行训练，过程重在参与。

视频教学：编写基于用人单位需求的商务英语实践资源，以教学视频引入平台，导师可通过视频教学呈现企业真实案例。

（三）平台资源

平台的教学资源主要包括互联网资源、教材教案、企业专业资料及自主开发资源等，此类资源从商务英语专业的人才需求现状出发，进行搜集编制，以求通过平台资源的应用实现学生实践技能的提高。此外，在平台的实践教学模块，本项目拟引入企业导师参与其中，学校可通过客座讲授、外聘教师等形式寻找合适的外资企业从业人员担任平台顾问，以此有效地指导学生开展实践。导师制的引入也有利于获取一些不涉及企业机密的日常办公文件、信函、会议录音和录像视频等资源，便于学生提前了解掌握商务办公必要知识，丰富商务实践机会。

三、商务英语信息化实践教学平台的应用

平台为商务英语实践教学提供多维度服务，教师可引导学生开展实践活动，企业导师可指导学生解决在实践环节中出现的各种问题。借助平台还可以实现学习资源的共享，提供方便、灵活、开放、不受时间和地域限制的实践教学形式。同时，学习者可制订符合自身的学习计划和学习进度，实现个性化教育。

（一）听说训练结合人机对话，自我提升实践应用能力

教师授课通常以语言基础、综合应用为培养目标，教学与实际需求方面往往存在一定偏差，同时传统课堂限制了学生用于交流和实践的时间，造成学生语言的实践和交流能力难以满足实际工作的需要。此外，学生的个体差异性客观上造成了部分学生跟不上教学进度，对所学知识没有完全掌握等问题。平台听说训练与人机对话模块提供了真实的语言应用场景，通过训练减少了学生在语言应用方面的陌生感，可以发现自身应用的不足。

学生可反复听常用的语句、情景对话，了解不同情景概况及应对语言。根据图片、文字、视频提示进行口语练习，通过麦克风录音，教师对学生的发音进行评分。此环节可供学生训练口语发音，有针对性地矫正发音，熟练掌握各种情景场合的应对技巧。

通过听说训练、人机对话进行自主学习，弥补因课堂教学需求偏差及课堂实践时间少等缺憾，有效提升实践应用能力，掌握商务语言基础知识和技能后，学会完成商务沟通任务（如产品推广、内部沟通和商务谈判等）。

（二）模拟情景互动训练，提升实践教学效果

模拟情景、互动训练以平台为载体，营造出各式商务语境、商务活动，并以此开展各类型的商务实践教学活动。在教学过程中，教师可以个别辅导和小组协作相结合的方式，增强学生对知识点的理解和运用，通过平台进行不同任务的情景模拟教学活动，如在商务谈判环节，指定部分学生参与体验不同角色，另一部分学生作为旁观者来参与体验，通过角色交替轮换进行情境体验。在此过程中，学生们主动思考，不断融入情景中，积极锻炼自我，实践教学效果将会大大提升。

在此过程中，可加深熟悉各类公司业务，模拟制作各类招聘广告，发布招聘信息和进行其他各种商务活动，让学生学习到更多文体与商务知识；教师可全程引导与监控，不论在课堂上，还是在课外，都可查看、参加学生间的活动，解答学生的问题，促进学生高级思维能力和群体智慧的发展。

（三）导师制视频教学，展现企业真实个案

平台中企业导师制的引入，确保了实践指导的有效开展，将有效改善商务英语专业双师型教师不足的现状。同时，也可根据企业导师及用人单位的反馈意见，及时调整商务英语专业课程结构及培养路径，提升课程教学效果。还可以邀请企业专家指导，走访校企实习基地，深入用人单位实地调查，考察真实商务活动场景和商务从业人员具体工作情况，编写基于用人单位需求的商务英语实践资源及教学视频引入平台。教学视频包含综合应用语言技能，涉及商务活动或其他场合文体及语言运用场景。导师可通过视频教学呈现企业真实案例，并要求学生分析案例，开展小组语言交流、模拟案例重现情境，以培养学生的思辨能力、语言综合运用能力及实践活动应变能力，丰富商务语境常识和语用知识。

四、平台特色与创新之处

现代信息技术使商务英语实践教学不再受时间和地点的限制，逐渐向自主式学习方向发展，平台在很大程度上改变了单一的传统实践教学方法，更具自主性、开放性和创造性，同时还充分考虑以学生实践为中心，贴近用人单位的需求，大大增加了学生商务英语实践的机会，平台建设符合商务英语专业人才培养目标的要求。

教学资源自主开发也是平台设计的一大特色。通过深入用人单位实地调查，以商务英语专业人才就业岗位为出发点，以必要和够用为原则，开发兼具实用性、职业性和趣味性的实践教学资源，有利于进一步丰富商务英语实践教学内容；通过将典型商务实践活动案例加入平台资源库，录制学生成功的商务活动示范及专家点评，帮助学生更好地理解商务知识应用技巧，以此提升实践教学效果。

企业导师制的引入是平台的另一特色和创新。平台引入企业导师，学校可通过客座讲授、外聘教师等形式寻找合适的外资企业从业人员担任平台顾问，以有效指导学生开展实践。

目前，商务英语专业实践教学资料较少，缺少高水平的多媒体课件及实践教案等资源，这对实践平台资源库的建设提出了考验。通过与国内外相关研究机构探讨研发、与兄弟院校合作编写、到外资企业学习、收集日常工作中运用到的知识等渠道多方收集与整理资料，制作成电子文档、音频、视频等材料，能进一步丰富商务英语实践平台资料库。平台的应用，在一定程度上提升了商务英语专业学生语言及商务知识的综合运用能力，激发了学生的实践活动参与积极性，客观上可促进学生实践能力的提升，有效解决商务英语实践教学方面存在的问题。

第三节 "互联网+"商务英语信息化教学

随着社会的发展，信息技术的发展也非常迅速，信息技术被广泛应用于商务英语教学中。商务英语教学中多媒体网络环境、跨平台共享、远程学习等的应用，有利于师生形成商务英语教学信息化思维，扩大商务英语教学模式改革思路。基于"互联网+"的背景，高校迫切需要开展商务英语教学信息化教育改革，促进学生的实践能力的提高，从而为社会培育高品质的商务英语复合型人才。

一、商务英语和信息化教学含义

商务英语最早出现在 15 世纪，主要是国家之间贸易语言的应用。商务英语是专为满足职场生活的语言要求产生的一门学科，它涵盖商务活动的各个方面。商务英语课程的设置不仅提高了学生的英语水平和能力，更多的是向学生灌输西方的企业管理理念，教导学生如何与外国人打交道，进行商务合作，其中包括工作方式及生活习惯，在一定意义上也包含文化概念。

信息化教学是运用了现代教育的理念，加以信息技术的支持，并应用于现代化教学中的教学模式。在信息化教学中，有很多影响因素，这就要求对观念、组织、内容、模式、技术评估和环境都进行信息化。同时，强调语言环境在信息化教学中的重要作用，重视协作学习和学习环境设计的关键作用，充分利用各种信息资源来支持学习。只有当教师充分认识到信息化教学模式的特点，才能更好地掌握、运用信息化教学模式，进而出色地完成信息化教学。

二、商务英语进行信息化教学的优势

目前，信息技术已成功地应用于商务英语教学中，其大致上可以分为两类：在线课程和教学辅助。信息网络教育课程具有综合的优势，如结构虚拟化、强大的内存、没有门槛的教育，通过这些优势，可以有效地改善教学中学生人数和上课时间的限制。教学辅助是仅限于课堂上使用，教师也可以直接从在线教育模块中下载教学内容，体现出其方便快捷的优势。无论是基本理论、基本英语能力在教学过程中的培养，还是商务英语培训，教师都需要在有限的教学环境中高效率地完成教学目标。信息化的教学方法应用于商务英语教学，教师可以利用网络信息技术进行辅助，以及使用视频和图形来完成预览会话的辅助教学，都可以有效突破传统教学方式的限制，有效提升商务英语的教学水平。

三、"互联网+"背景下商务英语信息化教学现状

（一）"互联网+"背景下教师的教学能力有待提高

在"互联网+"背景下，教学信息化是现今高等教育的核心内容和中心工作。商务英语信息化教学建设，需要在教育过程中使用现代科学技术的方法和教育设备，有必要提高教师的信息化教育能力。教育信息化建设是商务英语教育的有效手段，虽然有各种各样的教育信息化教育模式，但是保证教育效果是非常重要的，一些教师对于商务英语教育活动的组织缺乏灵活性，教师的教学能力有待提高。教师在进行商务英语教育活动时，信息化技术及现代化设备的应用层次较浅，要转变教师的教学方式，就有必要提高教师教育能力的信息化基础。

（二）商务英语的教学体系不够完善

商务英语教学是在交际能力、专业性和教学目标方面，区别于普通英语教学的一种教学方法，它强调专业性和交流沟通的口语化。但是，仍然有许多学校商务英语教学缺乏完善的教学体系，并且与普通英语教学没有显著差异，教学体系中教学模式、教学内容、课程设置和教学设施没有展现其商务英语教学的特点；一些院校的商务英语教学方法仍然是以教师为主，没有创建商务交流的语言环境，学生的商务知识缺乏实际运用，不利于交际能力的培养。同时，英语教材不能及时更新，一些教师对于信息化教学认识不足，也导致商务英语教学不能取得良好的教学效果。

（三）商务英语学习环境比较差

学习语言是为了沟通，因此如果想学好商务英语，就必须有一个良好的英语沟通环境。在进行日常商务活动时，商务英语就是一种非常重要的语言，所以具有较高的环境要求。只有进行商务活动，学生才能熟悉各种商务语言环境、使用商务英语进行良好的交流。在过去，商务英语教学本身是比较单调的，部分教师没能创造出良好的商务交流环境，学生不仅不能熟悉商务英语环境，而且不能掌握较多的知识，这就很难激发学生的学习兴趣。

四、"互联网+"背景下商务英语信息化教学途径

（一）构建完善的商务英语网络教学体系

在"互联网+"背景下，商务英语教学信息化强调的是将语言作为载体，利用互联网的开放性和网络信息终端的普及，引进真实的商业活动纳入课堂教学中，实现学生的体验、模拟和仿真对话等参与目的。与此同时，具有便利性的移动信息终端可用于实现资源共享，提高教学效果和学生的学习效率。另外，商务英语课程的学习可以完全突破空间和时间的限制，实现学生的自主接入式学习。

网络信息化的融合将直观地显示商务活动的各个方面，声像图文的有效结合，将让学生对语言教学和实际使用的商务语言有了更清晰的认识，也会激发学生的学习兴趣，达到更好的师生互动教学效果。在这个改革过程中，关键的问题是要解决网络教学、自主学习平台和微信教学平台的建设。这就需要建立一个科学、完整、以实用为基础的信息网络商务英语教学平台，实现信息化教育改革的首要目标。

（二）提高教师的信息化教学能力

高校商务英语专业的教师要认识到信息化教学的重要性，通过自我学习来提高信息化教学的能力。这是提高教师信息化教学的前提。信息化环境下的商务英语教学系统建设是一个必然的发展趋势，它的实施有利于培养对社会有益的综合性商务英语人才。目前，商务英语教师信息化教学能力有一定的差异，还不能满足信息化教学的需要，其教学能力还有待提高。基于教师信息化教学能力与商务英语之间的差异性，为提高教师的信息化教学能力，就需要建立教师信息化教学培训制度、完善培训教学体系，教师也要重视自身的发展，重视自身的信息化教学能力的提高。在教学准备阶段，教师应发挥团队的协同作用，提高备课内容的智能性和有效性。商务英语教学团队存在差异性，这也不利于提高教学质量。因此，教学团队应在学习和交流中，应用现代化的教学设备和信息技术，通过信息化教学模式，提高商务英语的教学质量和教学水平。

（三）对商务英语信息化教学外部环境进行优化

商务英语的信息化教学活动需要完善相应的基础设施和外部环境，包括政策依据、资源基础和激励制度等。一是商务英语信息化教学活动的发展需要教育信息化大环境的

支持。因此，高等教育机构和相关教育部门的管理者要对信息化教育教学的政策体系进行完善，保证商务英语信息化教学的有效性。二是完善相应的基础设施，基本条件是提高硬件装备和软件设备，这包括教师教学的移动终端、学生的学习终端和校园网络平台的建设，以避免纸上谈兵现象在英语教学活动中的出现。三是在对大学英语教师进行的相关调查中可以了解到，教师的工资和职称评定都会影响其有效实施信息化教学，所以学校应完善相应的考核和激励机制，提升教师的待遇。

（四）合理安排教学内容，重视学生反馈

教师、学生和计算机网络之间的交互模式形成后，允许教师使用交互式界面来向学生提问，学生分成不同的学习小组，每个小组之间的问题可以相同或不同，此时教师要重视学生对问题的反馈。同时，教师还可以根据自身教学内容及学生的需要增加网络教学内容，可以激励学生通过网络进行学习的积极性。对教学内容进行合理安排，增加教师与学生之间的互动，可以让教师和学生更好地沟通，进行信息传递和情感交流。在"互联网+"背景下，信息化教学也有很多渠道，可以很好地整合不同的学习模式，提高学生的商务英语学习能力，更好地促进学生思维的进步和发展。

商务英语信息化教学不仅给学生学习提供了更为广阔的空间，而且可以让学生的学习更加具有灵活性和创造性。它促进教学方式的转变、教学内容的更新，切实提高了教学质量。因此，在进行商务英语信息化教学过程中，就需要通过构建完善的商务英语教学体系、提高教师的信息化教学能力、对商务英语信息化教学外部环境进行优化、合理安排教学内容、重视学生反馈等途径，提高商务英语的教学质量，培养更多的优秀的商务英语人才。

第四节 信息化环境下商务英语教学体系

现阶段，商务英语教学一直沿用传统的教学模式，已经无法满足社会对商务英语人才的需求。我国的产业结构调整及对外贸易的发展都大大增加了社会对商务英语人才的

需求，许多院校也开始开设商务英语专业课程，但在构建商务英语教学体系的过程中依旧存在一些问题。所以，在信息化环境下，高校应注重培养商务英语学生的实践能力和知识水平，构建完善的商务英语教学体系，为商务英语课程改革打下坚实的基础。除此之外，信息技术的迅速发展促使多媒体技术手段在商务英语教学体系中大量应用。商务英语教学多媒体网络模式具有远程教学、个别化学习、多媒体集成、交互教学，以及跨平台资源共享等优势，为商务英语教学体系的构建提供了发展机遇。

一、信息化环境下商务英语教学的现状和问题

（一）信息化环境下商务英语教学的现状

商务英语虽然属于特殊用途的英语，但是在研究领域中早已和普通英语区分开来，在交际能力、专业性及目的性等方面上具有独有的特征。大多数院校的商务英语教学并没有受到足够的重视，没有构建起一套完整的商务英语教学体系，与普通英语之间并没有显著的区别，在教学模式、教学内容、教材、课程设置，以及教学设施等方面，都无法展现出商务这一主要特色，在实际的教学过程中，商务英语的特征并没有充分发挥和展示出来，进而导致大部分学生没有明确的学习目标。

现阶段，商务英语教学主要是通过传统的灌输式教学模式来进行讲学，教师在课堂上占据了主要位置，进行习题的讲解、课文的讲解，以及单词的讲解等，但大部分的商务英语词汇都是大家熟悉的单词，只是运用到商务领域中被赋予了全新的含义，所以本身的句型和词汇是不复杂的。因此，教师在讲解课文和单词的时候，学生往往会产生单调乏味甚至厌倦的学习情绪，无法感受到商务英语具有的魅力，学生也因此失去了学习商务英语的积极性和主动性。此外，商务英语还具有另一大特征，就是对交际能力的要求，它更注重培养学生对英语的实际运用和自身交际能力的培养。社会和经济的发展，使得社会对商务英语人才需求量呈现上涨的趋势，但目前的商务英语教学一味地注重培养学生的阅读技能，而严重忽略了对其听说能力的培养和加强。

（二）信息化环境下商务英语教学的问题

在信息化环境下，构建商务英语教学体系虽然培养了学生的英语应用能力，加强了文化基础，但依旧存在一些无法忽视的问题，例如课程过于分化、缺乏一定的系统性、

课程交叉重复等，这都需要我们进一步探讨和研究。

第一，教师的专业素养和教学技能需要不断加强。现阶段，还有部分承担商务英语教学任务的教师没有经过相关的培训，甚至对商务方面的知识并不了解。作为一名优秀的商务英语教师，不仅仅要具备扎实的语言能力，还要具备一定的商务交际技能，例如商务函电、商务阅读、商务沟通，以及商务谈判等，并且对商务专业知识有一定程度的了解，例如广告策划、国际金融、国际贸易理论与实践，以及市场营销等。在构建商务英语教学体系的过程中，急需"双师型"的商务英语教师，为其提供坚实的师资队伍力量。

第二，商务英语的教学模式和教学手段都需要更新和改进。教师在商务英语课堂中主要采取的是传统的"灌输式"教学模式，或是"放羊式"的教学模式。还有部分高校和教师将商务英语单纯地看作是一门知识在进行讲解，没有意识到商务英语所具备的交际性。一些教师在实际的教学过程中，依旧运用一本书、一支粉笔的教学模式，没有充分利用现代化多媒体手段等，所以也就无法向学生展现生动形象的商务英语交际情境，进而导致学生失去了学习的积极性和主动性。此外，一些院校虽然拥有一些多媒体教学设施，但是设备相对落后，得不到及时的更新和维护，也对教学效果产生了影响。

三、信息化环境下构建商务英语教学体系的具体措施

（一）形成以学生为中心的教学模式及以多媒体网络教学为主的交互模式

在信息化环境中，构建商务英语教学体系应充分结合商务英语教学特征及信息化教学特征，充分调动学生的学习积极性和主动性，培养学生的创新意识和创新能力，以及交际能力和处理信息能力。

第一，构建以多媒体网络教学为主的交互模式。多媒体具有较强的人机互交性，有助于培养学生的综合素质、创造性思维能力和技能训练等。这种教学体系适合个性化教学，但不会对集体教学造成影响，反而能够促进集体间的交流和沟通。与此同时，计算机、教师与学生间构成了一个互动过程，有助于教师根据学生的需求合理选择教学内容，通过多媒体网络教学来促进学生学习商务英语的积极性和主动性。在信息环境下，教师和学生间进行交互的渠道是多种多样的。

第二，构建以学生为中心的教学模式。在传统的商务英语教学模式中，教师是占据中心地位的，由教的活动来带动学的活动。而在信息化环境下的商务英语教学体系，是将学生放在了学习的主体位置，进而构成商务英语教学的主体，教师则在其过程中扮演引导者和组织者的角色。应合理制定教学内容和教学模式，充分发挥学生的主动性和积极性，突破原有的空间和时间约束，由学生自己进行时间的安排，进而形成较为完善的商务英语教学体系。

此外，教师还应在教学的过程中，合理分析学生的认知能力和知识基础等影响因素，设计符合学生特征的教学模式。

（二）提高教师自身的网络应用管理能力和计算机水平

信息化环境下商务英语教学体系的构建是必然的发展趋势，它的开展和落实有助于为社会培养综合型商务英语人才。商务英语通过网络教学突破了原有的空间和时间约束，网络教学是商务英语中十分重要的教育手段。通过网络教学平台的运用，可以对大学生的高阶思维能力及自主学习能力进行培养，也在一定的程度上给学生提供了丰富的学习资源。

在构建商务英语教学体系的过程中，应充分主张学生自身的主体性和独立性，在真正意义上形成以教师为主导、以学生为中心的商务英语教学模式。与此同时，教师应对学生提出的疑惑进行解答，还可以通过网络教学平台发布作业、批改作业等。学生则可以根据教师要求的作业形式上传作业，提出自己的疑惑和问题，在教师的讲解下巩固知识学习，进而不断提高高校商务英语教学的质量和效果。

在商务英语的教学平台中，应根据现代化教育需求随时进行调整，促进学生的自主学习和探究性学习。除此之外，全新的商务英语体验教学能够完善商务英语网络体系，有效整合信息技术与商务英语的关系，充分发挥网络优势，让学生可以在其中寻找到适合自己的有效的学习策略，大大激发了学生学习商务英语的积极性和主动性，进而提升商务英语教学的效果。

（三）不断提高教师的知识能力，促进商务英语教学体系的完善

首先，教师应具备较丰富的英语教学法知识。商务英语教师应对不同的商务英语教学法有不同的认识，正确看待其中的优势和缺陷，以辩证的视角在构建商务英语教学体系的过程中选择适当的商务英语教学法，并根据实际课程内容进行调整，逐渐形成教学

特色，集合学生的需求，探索适合的教学模式，进而体现商务英语教学的效果。

其次，教师应具备一定的英语专业知识和技能，主要包括听、说、读、写、译五种基本能力要求。在进行商务英语教学的过程中，教师应具有较强的商务英语专业知识和专业技能，还应具备较强的商务贸易知识和技能，能够满足商务英语教学需求。商务英语教师所具备的英语专业知识和技能能够在构建商务英语教学体系的过程中充分发挥促进作用，并且能够向学生展现榜样的作用，更好地促进商务英语教学体系的完善。

再次，教师还应充分了解英语语法、词汇、语音、语用和语义等，熟悉西方文化，能够准确应用英文进行写作。此外，还需要全面了解英美文学、英语词汇学、教学法知识等，这主要是因为在信息化环境下构建商务英语教学体系会涉及各个层面，如果教师无法系统地掌握英语知识，就很容易对商务英语教学体系和教学效果造成影响。

综上所述，信息化环境下商务英语教学体系的构建应根据时代的发展趋势，不断形成具有深度内涵的教学体系，为商务英语毕业生也提供有力的就业保障。因此，构建信息化环境下的商务英语教学体系应以就业为主要目标，合理制订人才培养计划，科学设计课程体系及教学内容，根据时代的发展变化不断创新教学模式，将理论与实践相结合，同时也要建设一支专业能力强的师资队伍，为培养商务英语综合型人才奠定坚实的基础。

第五节 信息化对商务英语教学的影响

随着社会的进步，信息技术得到了迅速的发展，在商务英语教学中多媒体技术的运用比较广泛，多媒体网络背景下的商务英语教学具有跨平台共享、远程教学及个别化学习等优势，给商务英语教学带来了新的思维，拓宽了商务英语教学模式变革的思路。和传统教学手段相比，信息化教学的优势是不可替代的，其能够和传统教学手段结合在一起，互为补充，实现二者之间的平衡，从而提高我国商务英语教学的水平和质量。

一、我国商务英语教学现状分析

我国商务英语教学中存在的问题还比较多，例如教材更新不够及时、学习环境相对较差等。这些因素的存在，也对商务英语的教学效果造成了较大影响。

（一）教材更新不及时

商务英语教学的目的是培养出更多的国际商业、国际贸易需要的人才，其需要是与商贸活动结合在一起的，这种性质也要求商务英语教学内容必须及时更新。特别是进入 21 世纪以来，全球化经济的发展也给商务英语教学添加了很多新的内容，但若不能及时更新教材，商务英语人才培养便很难跟上社会发展的步伐，培养出的人才也无法满足实际的需要。

（二）学习环境比较差

学习语言的目的是满足交流的需要。因此，要学好英语，就必须具备一个比较好的交际情境。在日常商务活动中，商务英语是非常重要的一门语言，对环境的要求也比较高，只有具备商务交际情境，学生才能够很好地熟悉各种商务环境，从而更好地运用商务英语来进行沟通和交流。商务英语教学本身是比较单调的，而有些教师还是照本宣科地进行教学，没有进行商务交流环境的营造，不但无法帮助学生更好地熟悉商务交流环境、掌握更多的知识，还会给学生的学习积极性造成很大的影响。

二、信息化背景下商务英语教学策略

随着社会和科技的进步，在商务英语教学中运用以多媒体技术为代表的现代信息技术是非常重要的，其能够切实提高商务英语教学的水平。笔者在研究问题的基础上，分析了多媒体技术在英语教学中的应用和多媒体环境中做好商务英语教学的策略，希望能够对提高我国商务英语的教学水平有所帮助。

（一）商务英语教学中多媒体技术的应用

多媒体技术的基础是数字技术，并且多媒体技术能够很好地将通信技术、计算机技术，以及网络技术结合在一起，综合地处理各种信息，能够与不同媒体建立逻辑的连接，从而形成一个交互性较强的系统。多媒体技术最早应用到英语教学中，主要是通过计算机来对教学进行辅助。网络不但可以提供更多的教学资源，还能够传输和分享信息，从而给英语教学提供更好的支撑。网络技术和多媒体技术本身便是相辅相成不可分割的，通过多媒体及网络技术，教师能够给学生分享大量的信息，学生也能够接受更多的信息。多媒体让教学手段呈现出多层次和全方位的特点，改变了以往的英语教学模式。

（二）多媒体网络环境中的商务英语教学

在网络环境下，要开展好商务英语教学，需要将网络信息化教学和商务英语教学的特点结合在一起，重视学生创造性和主动性的发挥，将学生对商务英语学习的兴趣真正地激发出来。只有这样，学生的创新能力、信息处理能力及交际能力才可能真正地提高。

1.改变教学模式

以往的教学模式中心往往是教师，学生的学习是以教师的教学为基础的，没有教师的教学，学生便很难学习。在新的教学模式中，学生才是教学的中心，教师需要扮演好教学引导者和组织者的角色。新模式下，学生不但能够将学习的主动性和积极性真正地发挥出来，还能够打破以往在空间和时间方面的限制，学生能够自由地进行学习时间的安排，将以往的将教师放在中心位置的学习模式，逐步转变成以学生为主体的学习模式。教师在教学的过程中要对学生的学习基础、认识能力等进行分析，只有这样，才能够保证设计出来的情境、选择的学习资源真正地符合学生的实际需要。

2.改变教学方式

多媒体本身的人机交互性比较强，这对教师在教学改革过程中提高学生综合素质、培养学生的技能，甚至是创新性思维的培养有着重要的作用。这种模式在个别化教学中比较合适，其不但不会给传统的集体教学造成影响，还会推动学生个体和集体之间更好地进行互动和交流。学生可以有针对性地提出问题，教师也可以利用网络平台及时解答学生提出的问题。此外，还可以通过网络实现资源的共享。多媒体教学方式的应用，使得师生间能够很好地互动和交流，可以营造和谐的师生关系，进而促进教学效果的提高。

3.选择合适的教学内容

教师、学生及计算机间互动模式的形成，能够让教师利用交互界面向不同的学生或者是不同的学习小组进行提问，教师还可以根据需要增加激励学生的内容。交互的存在，还可以让教师和学生更好地交流。在交互活动开展的过程中，教师是指导者，也是参与者。在多媒体环境中，师生之间的交互渠道和方式较多，能够很好地结合不同的学习模式，提高学生的商务英语水平。

4.进行资源的整合

在商务英语教学中，通过信息化手段能够更好地整合教育资源。对信息化商务英语教学资源进行整合，应该从以下几点进行。首先，政府应该发挥自身的引导作用，进行统筹和规划。其次，应该鼓励社会各方参与到资源整合中来，加强师资队伍和管理队伍建设，从而给资源整合奠定基础，并且在信息化环境下，学生也能够更好地参与到资源整合中来。最后，应该进行标准的确定，不断完善和健全机制，只有资源的有效性得到保证，商务英语教学才能够更好地进行。

随着社会经济的发展，信息化水平在不断提高，网络作为信息化的主要体现，将其和商务英语结合在一起，是进行商务英语教学创新的必要手段。教师在开展商务英语教学时，运用多媒体技术进行现代商务英语教学模式的创新，不但能够给学生的学习提供更加广阔的空间、让学生的学习更有弹性，还能够推动教学方法的改变、教学内容的更新、教学模式的创新，切实提高教学的质量。

在进行商务英语教学时，教师必须真正解放自己的思想，将学生放在首要的位置，积极发挥自己的作用，提高商务英语教学的质量和水平，培养出更多高质量的商务英语人才。

第五章 商务英语专业课程教学改革

第一节 商务英语专业课程设置需求

构建特色的商务英语专业课程体系,是地方新建本科院校培养应用型商务英语人才的关键。一项以需求分析理论为基础,对用人单位、商务英语专业学生和教师三方展开的问卷调查结果表明,目前的商务英语课程设置不能完全满足学习者的需求和社会的需求。

地方新建本科院校是我国高等教育体系的重要组成部分。根据教育部提出的"宽口径、厚基础、重实践、高素质"的本科人才培养要求,普通本科院校应着眼地方经济和社会发展需要,以培养具有社会主义市场经济适应力和竞争力的外向型、复合型和应用型人才为目标。与一般本科院校相比,地方新建本科院校有其特殊性:一方面,这些院校具有高职高专的办学历史,积累了一定的实用型人才培养经验,与地方政府有着较密切的联系;另一方面,由于受到区域经济发展的制约,它们在基础设施、教学条件、师资队伍、学术研究和技术创新方面等,都难以与部属重点高校和省属老牌高校相比。因此,地方新建本科院校应明确服务方向和人才培养定位,力求人才培养层次与自身实际及社会需求相符合。

近年来,商务英语作为 ESP 的一个重要分支,在全国高校迅速发展成为一门独立的新兴专业。从 2007 年教育部批准商务英语本科专业的试运行至今,已有几十所高校经教育部批准或已备案开设商务英语专业。商务英语人才培养方案的核心是构建特色的专业课程体系。目前的课程设置是否考虑到该专业的特殊性和需求分析的重要性,课程的培养目标、教学理念和教学模式能否促进教学质量和毕业生就业质量的提高?针对上述问题,笔者展开了对商务英语专业课程设置的调查。

一、需求分析

需求分析是系统化的课程设置的起点和基础，是确保ESP课程教学效果的先决条件；了解学习者的学习需求和目标工作场景对语言技能的实际需求是ESP课程设置的基础。作为不同需求分析理论的体现，需求分析模型经历了目标情境分析（TSA）、目前情境分析（PSA）、Hutchinson和Waters需求分析模型、Dudley-Evans和St John需求分析模型的四个发展阶段。Dudley-Evans和St John综合了不同需求分析模型的特点，从学生作为个体、语言使用者、语言学习者的不同视角出发，从学习者的个人信息、专业信息、目前情境中的语言信息、目标情境中的语言交流信息、语言学习需求、课程需求、欠缺等方面将需求分析细化为目标情境分析、学习情境分析及现状情境分析，很大程度上减少了课程设计与实施的随意性。

二、研究设计

研究拟解决三个问题：第一，商务英语专业学习者的需求是什么。第二，用人单位对商务英语毕业生的要求有哪些。第三，现有的商务英语课程设置能否满足上述需求，如不能，应如何改进。

调查以甘肃省3所新建本科院校的220名商务英语专业学生、30位教师和国内30家用人单位作为研究对象，将定量研究和定性研究相结合，以问卷调查为主要方法，以Dudley-Evans和St John的需求分析模型为理论基础，设计了学生问卷（问卷1）、教师问卷（问卷2）和用人单位问卷（问卷3）。问卷1涉及学习动机、对商务英语课程的态度、现有的英语水平、对课程的期望、对"欠缺"的自我认识，以及对教师、教材、教法、测试及学习条件的建议。问卷2包括教学背景、对现有商务英语课程设置的态度、对学生综合能力和"欠缺"的评价，以及对新的教学要求及教材、教法、测试的意见和看法。问卷3旨在了解目标岗位主要的交际活动、对商务英语毕业生语言水平的要求、对毕业生能力的评价，以及对高校商务英语课程设置的建议。问卷回收率分别为88.7%、100%、100%。

三、研究结果

在学习者的个人信息方面，主要指学习者的学习经历、学习动机等。调查结果显示，新建本科院校学生英语基础较为薄弱，65.8%的学生的英语高考成绩在及格线附近；学生对专业的选择具有较大的随意性和盲目性，缺乏内部学习动机。

在对现有商务英语课程设置的态度方面，调查分别从用人单位、学生、教师三方视角展开。93.3%的用人单位认为现行的商务英语专业课程设置无法完全满足社会需求；62.4%的学生表示现行的课程体系对专业知识的掌握及应用能力的培养无显著的促进作用；反映出的问题主要集中在课程群的比例、语言课程和技能课程的比重方面。问卷2调查结果与上述发现基本一致，91.6%的教师认为现行的课程体系与社会需求存在一定的差距。

在学习者的专业信息方面，调查从用人单位视角出发，获取目标情境相关的交际活动及对商务英语毕业生的具体要求。根据用人单位的反馈，目前商务英语专业毕业生主要担任外贸业务员（46.67%）和行政助理（16.67%）。目标岗位中使用频率较高的英语交际活动分别是接打电话及收发邮件（21.8%）、阅读文件（19.1%）、业务洽谈（18.2%）；目标岗位中使用频率较高的语言基本技能是说（33.3%）和写（33.3%），其次为读（16.7%）、译（13.3%）、听（3.3%）。但43.4%的单位表示，毕业生在语言学习和语言运用能力方面存在较大差距。

从调查结果总体来看，用人单位更注重学生综合素质的培养。参照新的教学要求对商务英语课程体系四种能力培养的规定，用人单位认为语言运用能力是衡量商务英语毕业生的首要标准，然后依次为商务知识与技能、跨文化交际能力和人文素养。至于如何衡量语言水平，用人单位表示一定程度上可通过证书等硬性指标侧面反映，53.3%的单位认为应取得相关的职业资格证。各项调查结果同时显示，用人单位的性质决定了其对语言水平衡量标准的差异，如国企、事业单位等的就业门槛较高，中小私营企业更看重员工的实际操作能力。此外，用人单位对商务英语毕业生提出了具体要求：强化语言运用能力；注重英文写作的实用性；熟悉行业用语，涉猎财经、营销、管理等相关学科知识；培养学生跨文化意识和人文素养；重视处理人际关系的能力、获取资源和信息的能力、系统看待事物的能力和运用技术的能力等。

在学习者的语言信息方面，调查结果显示，学生现有的语言水平不尽如人意。截止到第四学期末，全国大学英语四级、六级考试的通过率分别为 **55.6%** 和 **13%**，仅有 **14.4%** 考取了商务英语、涉外秘书等职业资格证书。调查显示，学生普遍将取得全国大学英语六级考试证书试作为语言学习的目标，而非商务英语证书等职业资格证，这多半出于对考试普及程度、考试费用等因素的考虑。总之，学生现有语言水平与目标语言水平存在着较大的差距。

在学习者的"欠缺"方面，用人单位认为毕业生较为欠缺的分别是实践能力（**80%**）、人际沟通能力（**46.7%**）和商务知识（**33.3%**），还有欠缺语言应用能力和自我学习能力。在英语语言技能方面，**66.7%** 的单位表示毕业生的听力技能急需加强。问卷 1 结果显示，**60.8%** 的学生对该专业学习目标和学习意义较为茫然，普遍缺乏对商务英语学科知识和专业发展的了解；商务知识及技能（**88.7%**）与跨文化交际能力（**88.2%**）较为薄弱，**92%** 的学生主要依赖课堂的学习，自学能力欠缺，问卷 2 的调查结果基本与学生的自我认识相吻合。

在学习者对课程的需求方面，按需求程度排序为商务知识与技能、语言知识及技能（口语）、灵活的人际沟通能力、国际商务文化、创新精神及人文素养等。此外，学习者对教师、教材、教法、教学条件等也提出建议，例如，聘请有行业实践背景的教师、教学注重实践技能的培养、加强教材内容的时效性和职业导向、完善和改革测试内容、加大自主学习平台的使用等。

四、讨论及建议

教育部针对普通本科高校办学中存在的问题，提出教育的重心应从"学历教育本位"转移到"能力教育本位"上来，在人才培养的价值取向上应从"适应现在"转向"既适应现在又适应未来"，从"满足就业需要"转向"既满足就业需要又重视创新意识和创造能力的培养"。可以说，地方新建本科院校应遵循应用型人才的培养目标定位，增强专业设置的针对性和适应性，在调查和分析社会对人才需求状况的基础上，按照岗位需要设置专业、制定人才培养方案、调整课程体系。针对上述需求分析结果，笔者建议从以下几个方面改进。

（一）调整课程结构，强化应用能力

建立模块化的商务英语专业课程体系，即专业基础模块、专业技能模块和文化素质模块，分别以培养学生的职业基本能力、职业核心能力及职业拓展能力为目标。针对目前的商务英语专业课程设置，仍然是以语言知识技能为主导、商务类必修课比重偏低、跨文化能力及人文类课程重视程度不够等问题，所以应加大专业技能模块中商务技能课程的比重，语言类课程应注重加强口语、写作教学的实用性和真实性，重视人文素养的培养，教学重心应从单纯地注重知识转向注重素质教育和能力教育。

（二）强化实践教学，培养创新能力

商务英语教学内容应与职业能力紧密相关，语言类课程和商务类课程都应注重目标岗位的需求，加大应用能力的培养力度，构建课堂训练、校内实训及校外实习与创新实践相结合的实践教学体系。改革传统的商务英语教学模式，运用交际教学、任务教学、情景教学、案例教学和项目教学等方法，鼓励学生主动获取知识、运用知识、分析问题、提出见解；以项目驱动法开展实训教学，将理论与实践、课程与岗位技能相结合，培养学生更新、迁移和内化知识的能力，以适应新生行业或职业转换及持续发展的需要。

（三）重视教学监控，着眼市场需求

商务英语教学应将教学目标监控、教学过程监控和教学效果监控相结合，进行市场需求调查及毕业生质量跟踪，科学合理地确定人才培养目标，及时调整与更新课程体系。考核形式力求"三结合"，即学校考核和企业考核相结合、形成性评价和终结性评价相结合、课程考核与职业认证相结合，实现校企零距离。着眼市场需求，培养适应地方经济建设需求的实用型和技能型人才。

当然，课程设置必然会受到地域环境、师资水平、实训基地等软硬件条件的制约，如何做到既能满足当地经济发展的需要，又能适应学生个人发展的需要，仍有待我们进行深入的探讨。新建本科院校只有立足自身的办学条件和实际，重视需求分析的导向作用，因校制宜，构建特色的专业课程体系，才能增强商务英语人才的社会竞争力。

第二节 成果导向理念与"金课"标准

成果导向教育 OBE（Outcome-based Education）是一种基于学习成果或者结果为导向的教育理念。成果导向教育理念强调以学生的预期学习成果为核心，反向设计学校、教师的课程和教学设计，以及对学生的学习成果进行评估。不同于传统的教学设计，反向设计是从需求开始，由需求决定培养目标，即对毕业生在毕业后 5 年左右能够达到的职业和专业成就的总体描述，再由培养目标决定毕业要求，然后根据毕业要求确定毕业要求指标点，再根据指标点确定课程体系、教学要求和教学内容。所以，该理念与"金课"建设标准、专业评估与认证是一致的，可以将二者深度结合。

商务英语"金课"建设标准秉承"两性一度"（高阶性、创新性和挑战度）的原则。"高阶性"指知识能力素质的有机融合，培养学生解决复杂问题的综合能力和高级思维；"创新性"指课程内容反映前沿性和时代性，教学形式体现先进性和互动性，学习结果具有研究性和个性化；"挑战度"指课程有一定难度，对老师备课和学生课下学习有更高的要求。

北京语言大学教授王立非提出了商务英语"金课"的"六性"与"六度"，对于商务英语"金课"怎么教，提出了指导性意见。

商务英语"金课"的"六性"：课程思政性、能力导向性、思辨创新性、知识复合性、实践实务性和人文通识性。金课育人，即培养学生理解和遵守商业道德与伦理，了解中外商务礼仪和优秀商业文化，熟悉中外商务规则和惯例，自觉养成诚信意识、敬业与合作精神、服务意识、创新意识、品牌意识、风险意识、沟通意识、资源意识，以及环保意识等。能力导向，即建设四类金课群：英语能力金课群（综合商务英语、商务英语谈判）、跨文化能力金课群（跨文化交际理论、实践）、思辨能力金课群（经济学导论、管理学基础）、实务能力金课群（国际贸易实务、国际营销实务）。

知识复合性是"金课"教学的重中之重。第一，既教语言，又教商务，牢固树立商务即文化的理念，文商相长，文商相通，逐步培养学生形成复合型知识结构和知识体系。

第二，经济学是学科思辨和思维方法论，要作为重点"金课"建设，其他商务知识类"金课"重在学习基础知识和基本理论要点，突出本体知识框架的完整性和体系性，简明扼要，兼顾学生未来发展需求。第三，全英文商务知识教学对师生都有挑战度，坚持用英语理解和吸收商务知识，学以致用，提倡"金课"引领的复合型商务英语教师培养，根据国际贸易、国际金融、涉外财务管理、跨境电子商务和国际旅游管理等特色方向建设的需要，培养合格的复合型教师。

商务英语专业"金课"的"六度"：语言强化度、技术混合度、模拟实战度、校企联合度、论文创新度和案例丰富度。

第三节 商务英语专业"金课"建设与实践

基于商务英语专业"金课"建设标准和成果导向教育理念，本研究选取三门课程进行"金课"建设探索，分别是高级商务英语阅读混合式"金课"（英语能力金课群）、商务知识导读线下"金课"（思辨能力金课群）和国际贸易实务线下"金课"（实务能力金课群）。

一、高级商务英语阅读

（一）课程简介

高级商务英语阅读课是商务英语专业高年级阶段的课程，该课程于商务英语专业本科教学提高阶段的第三年开设，旨在训练学生的英语综合技能和逻辑思维，通过引导学生阅读和分析商务多个领域的语篇材料，扩大学生的商务知识面，加深学生对社会和人生的理解，培养学生的语篇鉴赏能力、逻辑思维能力和写作能力。同时，也旨在指导学生将商务知识运用于实践，提高学生分析、解决问题的能力。

该课程使用外语教学与研究出版社出版的《高级综合商务英语》教材，该教材在提高语言理解、分析能力、鉴赏能力、口头表达沟通能力，以及书面表达能力的基础上，基于职场工作的真实需求，强调综合技能的提高，提倡教学组织和学习活动以双技能为导向，增强学生的双技能转化能力；强调在语篇欣赏的基础之上，着力培养学生的逻辑思辨能力；强调在商务语境下分析、解决问题的实践能力，提高学生从事商务实际操作的应变能力，从而增强学生的就业竞争力；在语篇教学的基础上培养学生广阔的世界观、积极的人生观和健康的价值观，使学生真正成为新时代所需要的商务英语专门人才。

（二）课程设计：成果导向理念的内化

为了使教材更贴合实际的教学需要，在制订教学计划时，教师根据本专业的人才培养方案和课程教学大纲，选取了跨国贸易、中国经济发展的内外环境、金融体系与投资市场、企业管理、人力资源管理、企业创新、企业家精神、商业相关法律问题、商业伦理、商务谈判、娱乐产业，以及营销策略等主题，每一单元的内容包括主题讨论、语篇分析与欣赏、测试与运用。同时，在确定讨论主题、课堂活动、测试题目设置和考查知识与能力运用的方式上，教师从教学目标出发，结合校情和学情，并着眼于本专业的未来就业需要。

具体来讲，本课程的每一单元均从知识、技能和思想意识三方面确定教学目标。知识包括掌握本单元生词及词组，特别是商务专业词汇和表达，并能够熟练使用其词性和词义，理解语篇文体特点、篇章结构、段落大意及写作手法；技能是指能够将本单元所学的词汇、词组、修辞运用于输出（口头表达和写作），能够对该单元的重点商务知识在实践中加以应用；思想意识包括了与该单元主题相关的思想政治内容和国际视野、辩证思维等方面。

本课程授课对象是大学三年级的学生，经过前两年对英语语言基本功的锤炼和整体学习，经历对自主学习能力、资料查找和筛选及应用能力的培养，学生已经具备了一定的英语综合运用能力，因此在该课程教学过程中采用整体语言教学法的思路，整体输入、整体输出，以语言的综合运用和直接交流完成教学过程。同时，该课程作为商务英语综合课程，每一单元有一个商务主题，学生在英语交流的环境中学习商务知识和技能，在商务主题和情景中锤炼语言知识和技能，学习的过程也是实践新知并对新知在商务情景中加以应用的过程。如此，做学用合一的教学思想可有效地使学生在实践过程中盘活所学知识和技能，并与同学协作，交流思想，互相学习，互相评价。

在具体教学模式上，主要是多媒体课堂教学辅以超星教学平台和微信群等教学形式，以确保更有效率地展开教学。

在阶段测试方式上，采取将平时成绩 40%（包括书面作业、非书面作业、课堂表现）和卷面成绩 60% 相结合的方式评定学生的成绩。虽然平时成绩已经包含了一些书面作业无法检测到的能力，但是本着做学用合一的指导思想，在测试内容上，教师特别在基本的词汇、阅读、翻译和写作题型之外，还设置了商务知识与案例分析的题目，考查学生在课本涉及的商务知识理解的基础上将其运用于真实商务情景的能力。

（三）亮点：知识、能力和意识的有机融合

具体到教学中的操作，以 Creativity and Innovation 单元为例，首先从知识、技能、思想意识三个方面明确了教学目标。

知识：掌握本单元生词及词组，并能够熟练使用其词性和词义；理解语篇文体特点、篇章结构、段落大意及写作手法；了解创意对广告的重要意义；理解"异态混搭"的含义。

技能：能够将本单元所学的词汇、词组、修辞运用于输出（口头表达和写作）；能够对"异态混搭"创新的方法在实践中加以应用。

思想意识：要认识到创意和创新是一个品牌维持生机和活力的要素之一，只有有活力的品牌，才可能获得消费者青睐；要铭记任何创新的产品和服务必须考虑社会的可行性，切不可为了利益而放弃企业的社会责任。

（四）确定教学重点和难点

教学的重点和难点包括创意产品要遵循的消费者需求、技术可能性、市场可行性和社会可行性四个方面，文章的大意和内在逻辑性，文章中复杂长难句的结构及其含义，文中出现的新词汇和表达；创新在当今成为品牌保持活力的必选项的根源，以及"异态混搭"的含义和实践。

该单元对学生造成难度的在于课文关于"后现代的创新渴望"的分析涉及了工业史、科技史、思想史和哲学发展史等学科领域的知识，如理性主义、存在主义、弗洛伊德的创造力与无意识等概念和思想，而如果不帮助学生理解相关的主张和批判，以及对社会群体意识的影响，就无法实现对课文的深入理解。考虑到学生在对概念不甚了解的情况下搜集资料会很零散繁杂而导致效果效率均不高，教师可以为学生提供难度适当的介绍性文章和视频资料供学生在课前预习，并在学习了异态混搭这一概念后，要求学生去寻

找此类产品，并点评是否成功。在学习完课文之后，有一个创新小活动。教师准备了两组卡片，一组是学生熟悉的产品大类，如 clothes、ice creams、cosmetics、toys 等，另一组是任意的 些物品，如 keys、trees、pencils。学生盲选，然后根据拿到的两张卡片进行产品的创意设计。学生的作品中有复古风的钥匙、首饰，还有买 T 恤就捐出一块钱用于植树并可得到贴纸作为植树记录等，足以证明学生理解了异态混搭的概念并能够初步运用于产品的设计中。在单元测试时，教师提供了几组产品，要求学生从创意产品要遵循消费者需求、技术可行性、市场可行性和社会可行性四个方面的要求，来分析该产品的市场前景和认可度。最后，还要特别向学生强调，不少商家会忽视社会可行性这一方面，即教学目标中"思想意识"这一方面的所提到的切不可为了市场为了利益放弃企业的社会责任，不顾伦理道德的底线。

（五）教学反思

"两性一度"的金课标准具体到教学实践，就要根据校情、学情进行合理设计。高级商务英语阅读课的授课对象在第五学期之前接触过的与商务相关的课程极为有限，该课程的主要难点是教材中涉及的商务知识和技能的处理。而商务知识和技能的学习目的是使学生能够学以致用，为他们将来踏入职场做准备。因此，要采用做学用合一的教学思想，使学生通过对教材中商务知识的学习和商务技能的训练，通过情景体验来完成任务，通过设计和完成项目来实现个人的商务知识、技能和综合素养的有效提升。

二、商务知识导读

（一）课程简介

商务知识导读（以下简称导读）课程是商务英语专业的基础课程，其知识性和通识性较强，课程涵盖的需要了解、理解、识记及应用的知识既多又广，本课程教学团队针对怎样调动学生学习的积极性和主动性，将偏重理论的知识性课程与实践相结合，打造商务英语专业"金课"开展了积极探索。

导读课程的教学目标是通过相关的商务背景知识学习，帮助学生扩大商务知识面，了解中西方商务文化的差异，加深对商务英语概念的理解，并掌握主要商务词汇和常用术语，全面提高学生在商务环境下使用英语的能力。本课程主要内容包括公司结构和文化介绍、工作描述和工作方式、销售与品牌、工作表现与公司福利、商务沟通与旅行、人力资源、会计和金融、公司发展、电子商务，以及社会责任与企业道德等方面。本课程主要任务有两个，一是通过商务概念的讲解和相关商务资料的阅读训练，帮助学生获得西方商务文化信息，了解中西方商务文化的差异，掌握主要的商务词汇及相关术语；二是通过组织课堂展示活动，培养学生的自主学习能力，更好地学习商务英语知识。

（二）课程设计：项目导向

导读课程首先要教授的是关于公司结构的知识，掌握公司结构的相关理论是商务英语专业学习的基础，更是本课程展开的前提。单纯的公司组织结构介绍和名词解释分析，不足以让学生充分认识他们并不了解的商务世界。因此，学生团队在导读课程中领取的第一个任务就是组建公司，并在学习了解公司结构的基础上，根据团队成员的意愿和特点，自行任命公司各主要部门高管。公司经营范围由各个团队自拟，本着服务于本地的教学理念，教学团队参考了近年来本地的进出口实际及地方政府的政策导向，提出一些关于公司经营范围方面的建议，供学生参考。

为了完成组建公司的任务，各个学生团队不能局限于课本知识的学习，必须查阅大量的相关资料，在掌握一定信息的基础上，才能做出最终的决策。为了更好地完成任务，并为今后的学习实践打下良好的基础，学生们开始主动学习、掌握并运用相关知识，例如公司的类型、公司的基本组成部门、各个部门的主要职能（包括人力资源、财务管理、产品研发、市场开拓）等。组建公司的过程就是模拟创业的过程，团队成员为了同一目标而共同努力。由于团队成员的知识面、学习背景、实操能力等各不相同，大家在团结合作的同时，必须各司其职。因此，公司的经营范围确定之后，各个学生团队就组成了各个模拟公司，接下来就是确定公司的主要部门和部门负责人。

各个模拟公司开业后首先要进行的就是公司推介，推介以国际商务展会为目标环境，要求各个公司对本公司进行全面介绍，主要内容包括公司发展、经营范围、企业宗旨、核心价值观、企业仪式、着装要求、公司形象、宣传口号、企业制度、公司高管及其分工等。为了锻炼学生的英语应用能力，培养学生的职场意识，对于各公司的商务推介，要求运用 PPT 辅助、图文并茂、中英对照、全英解说，还要求各公司定制自己的职业套装，课堂展示时高管着公司正装，佩戴名牌上场。

该任务在教师课堂讲解的基础上开展，教师指导学生边学边做、边做边学，把看到的、听到的、想到的、查到的、谈到的、实践的结合起来。学生把在课堂上学到的什么是商务活动、商务活动的目标、公司的类别、组建公司的途径、必须开设的部门等商务理论结合教师发布的公司任务，自行协商分工、查阅收集整理资料，并最终解决实际问题。

该任务发布前，教学团队充分考量了学生在完成任务过程中可能涉及的一系列相关问题。第一，要根据学习阶段的推进，逐层加大实践任务的难易程度。第二，学生现有的知识储备中哪些与任务相关，在完成任务的过程中哪些能力可以得到锻炼和提升。第三，除了完成任务后的加分，不同的任务吸引学生的兴趣点在哪里，如何强化兴趣点以促使学生在任务中加大投入力度。第四，任务中的哪些内容需要团队成员分工完成，哪些需要合作完成，哪些需要相互学习，哪些需要共同探讨后进行。第五，任务与实践的关联是什么，如何帮助学生认识到该联系点并为之努力。第六，完成任务后的能力检测等。

导读课程开设在商务英语专业的第六学期，经过两年多的英语专业基础课程学习，学生已经打下了较为夯实的英语基础。导读课程的教学重点就由英语语言教学转为英语语言运用，教师在课堂上着重引导学生运用自己的英语语言知识和技能开展商务活动。各个公司在确定经营范围、拟定企业文化、规划未来发展、各位高管的职权范围等学习和实践的过程中，世界五百强企业都可以作为学生参考和学习的对象。在学习了公司组织结构的基础上，导读课程即将对工作描述开展教学。

针对工作描述的学习和实践，教师发布了第二个团队任务，即各位公司高管根据自己职位的工作描述制订未来三个月到半年的工作计划。工作计划建议涵盖如下内容。第一，对各自的工作进行简要的描述。第二，陈述选择该职位的原因或理由。第三，制订具体的工作计划时要有明确的时间节点。第四，制订团队建设计划，包括各部门的团建和公司的总体团建。第五，明确工作目标。第六，拟定各自的晋升目标等。要完成上述任务，学生先要在教师教学的基础上吃透教材，并根据要求查找、整理相关资料，结合了解到的各方面信息，提前对自己的未来职业进行规划。完成该任务可以引起学生的思考，帮助学生明确自己的职业发展方向，促使学生走出封闭的校园，触摸社会。

学生在刚刚接触导读课程任务时，往往认为任务繁琐、难以完成，究其原因主要有二。其一，学生习惯于传授式的教学，即学生坐在课堂上听，老师站在讲台上前讲，教师提问若干问题，学生起立回答，课堂实践偏于分散和被动；其二，学生没有为未来的职场生活做好思想准备，并且学生较少进行知识的综合运用与实践，在任务面前不熟悉工作流程和商务环境，不能将理论知识灵活地运用到任务实践中。

经过两次任务的完成和实践，学生逐渐掌握了任务的内涵，团队分工合作日益协调。学生开始积极主动地预习教材内容，为下一阶段的学习提前查阅资料、复习基础知识理论、学习新的知识，在课程展示之后，教师及时地对于各个团队的表现进行评价并给出分数，将课程学习化教为学、化繁为简、化纯理论教学为理论与实践相结合。

（三）亮点：以赛促学

在前两个任务完成的基础上，教师及时总结任务的完成情况并与学生沟通，帮助学生解决任务过程中遇到的各种困难，理清思路，为下一阶段的学习和实践做好准备。

导读课程的第三个实践任务是新市场开拓。本次任务覆盖了导读课程的八个单元的学习内容，包括且不限于市场营销、人力资源、商务沟通、金融服务、发展规划，以及电商推广等。为了较好地完成该项任务，各模拟公司必须全员参与，全面整合各种资源，全面学习并实践商务知识，并在必要时寻求团队教师的帮助，在教师的指导下进行。

本次任务以 2019 年商务实践技能大赛的选题为背景，要各个公司考察"一带一路"沿线国家的投资或并购的项目，并选取一个国家进行市场开拓。要求各公司以 PPT 方式向公司相关部门和领导汇报调查结果和投资建议，建议从政治、经济、法律政策、基础设施、社会文化和潜在投资机会等多个方面阐述各公司的选择方案和投资计划，以便公司做出相关投资决策。教师在课堂上对本次任务进行详细剖析，该任务的推广方案包括一个主题，即新市场调研与开发；两个中心，即市场分析和投资提案；三个抓手，即公司推广、产品推介和营销策略；四个要点，即目标市场、营销推广、投资预算和人事配比。

市场调研与分析由各公司首席执行官负责，建议从多个方面阐述选择某目标地区的原因。投资提案与计划由各公司首席运营官负责，推广方案包括但不限于公司标志、公司品牌及其价值、公司的竞争优势（可联系我国的国际影响力、公司的形象、信誉、声望、社会影响力等）。产品推介由各公司产品总监负责，包括产品商标、计划推广的产品或服务，以及产品的竞争优势，如品质、设计、包装、售后、价格、渠道、店面地点和交通等。营销策略即市场推广方案由各公司的市场总监负责，推广方案包括客户需求、定价依据、分销策略和销售渠道等；广告方案包括广告代言、广告语和宣传内容、广告渠道（电视、广播、网络、宣传单等）、广告时间和宣传周期等；社交媒体营销包括微信（群）、QQ（群）等；促销方式包括折扣、买赠、满减、返券、限量发售、特殊包装等。投资预算及预期盈利由各公司财务总监负责，财务总监要根据各公司上一年度的盈利情况，对本年度的盈利情况进行预测，并根据预测收益拟定下一年度的投资金额及占比分配财务预算。新市场开拓的启动经费预算包括公司硬件（如房租、装修、办公设备等）、公司和产品推广投入、营销策划投入、公司员工工资奖金、新市场的预期收益及盈利、成本回收周期等。人事配比由各公司的人力资源总监负责安排，新市场的分公司或分部门下设哪些机构，各部门员工人数、来源、工资奖金等，建议参考教材第一单元的公司组织结构。

本次任务既是课堂教学实践任务，又是对商务英语专业学生学习效果的检测。该任务的分数评判参考商务技能实践大赛的评分标准，从内容结构、语言能力、表达表现、PPT 设计、现场反应和团队协作等多个方面进行。经过连续两届学生在导读课程中的实践，教学团队发现，通过理论与实践相结合、课堂讲解与任务发布相结合的教学方式，夯实了学生的理论知识，锻炼了学生的实践操作，提升了学生的自主学习能力、协作学习能力、职业操作能力，以及综合应用能力。

（四）教学反思

教学是教与学和谐统一的活动过程。教师的"教"以学生的"学"为出发点及终极目标，教学相长，教师通过各种教学方法将知识传授给学生，学生通过教师的讲授掌握需要学习的知识。课堂作为教学的具体场所，受环境限制，课堂理论教学时往往是枯燥乏味的，但又由于专业知识在实践中的重要性，教学双方不得不在课堂上努力地进行教与学。这种情况下，教学方法就显得十分重要，尤其是在打造商务英语专业"金课"的探索中，教学方法不仅是一种技术，更是"金课"教学思想的具体体现。

教师和学生是教学的核心，知识是教学的主体，知识的载体则是教育的关键，通过何种方法、方式、策略、媒介和场所进行知识的传授，都需要纳入考量。本团队认为将理论学习与实践教学相结合，有助于在导读课堂上用更少的时间取得更好的教学效果，以实现学生能力提升的教学目标。导读课程教学初始，即根据本课程的教学内容和目标发布学习任务，根据任务要求，学生可以自由结合，组成学习团队，在导读课程的学习过程中通过团队的形式开展各项学习活动。

商务知识的掌握、沟通技巧的运用，以及学习意愿的提升三位一体，从导读课程开课开始就全方面锻炼学生的实践能力。建构主义研究，作为认知主体的人在与周围环境相互作用的过程中构建其关于外部世界的知识，同时人是多元的、开放的、变化的，每个人都有其各自擅长的领域和发展的潜力。因此，在模拟公司的组建和发展过程中，知识与情景交互作用，团队成员在情景中获得知识、实践知识。而学习是整体的，是社会实践不可分割的组成部分，是现实世界创造性社会实践活动中完整的一部分。学生边查找、学习知识，边实践运用知识，这种任务导向型教学可以使得学生的各方面能力在公司组建伊始即得到充分锻炼。这种方式调动了学生的积极性，突出了学生的主体地位，有助于学生养成良好的自主学习与合作学习的习惯。

值得注意的是，导读课程的实践教学探索对教师也提出了更高的要求。在开展课堂实践教学的同时，教师本身的新知识扩充要远远大于并且快于学生的学习。教师除了要讲好各个章节的内容，还要深入思考选择什么样的任务，并对任务进行剖析，向学生展示清晰的思路及各个章节的内在联系。建议开展实践教学课程的教师要具备相关的企业从业经验，深入企业一线进行实地学习和操作。课堂上发布的所有任务，教师都应提前在企业进行过多次实践，反复尝试后遴选出最需要并且最适合学生锻炼的任务。另外，也可由校企合作企业为学生提供商务实践任务和完成任务的软硬件环境。大量的学习实践，缩小了校企之间的距离，巩固了学生的理论，锻炼了学生的实际操作能力，体现了应用型人才的培养目标。

第六章 商务英语语篇翻译教学

第一节 商务广告的翻译

"广告"（advertise）一词源于拉丁语 advertere，意为"唤起大众对某种事物的注意，并诱导于一定的方向所使用的一种手段。"《简明不列颠百科全书》把广告定义为："广告是传播信息的一种方式，其目的在于推销商品、劳务、影响舆论，博得政治支持，推进一种事业或引起刊登广告者所希望的其他反应。"也有学者将其定义为"广告是将各种高度精练的信息，采取某种或某些艺术手法通过各种媒介手段传播给大众，以加强或改变人们的观念，最终促使人们行为的事物和活动"。随着经济的发展，广告已渗透到社会生活的各个领域，它与我们的日常生活紧密相连，无论是在国内，还是在国外，广告都随处可见。广告活动不仅是一种经济活动，给人们带来新的商品和服务，同时还是一种文化交流，是传播文化的主要媒介之一。随着我国加入 WTO 和国际广告事业的蓬勃发展，外国广告大量涌入我国，对广告英语的语言特点及其翻译的研究具有十分重要的现实意义和实用价值。

一、广告的分类和语篇策略

衡量成功的商务广告的标准之一是看它是否符合四项要求，即引起注意、发生兴趣、产生欲望、付诸行动。

（一）广告的分类

广告包括了很多种类，而且从不同的角度看有不同的类别。Torben Vestergaard 和 Kim Schroder 在其著作 *The Language of Advertising* 中，将广告分为两大类，即商业广告和非商业广告。商业广告又分为三种：信誉广告、产业/贸易广告、消费者广告。他们又从版面设计的角度，将广告分为分类广告（按内容分类，按栏数、行数甚至字数收费的小型广告）和陈列广告（有图有文，按面积收费，通常需照相制版）。

此外，我们还可以从以下不同的角度对广告进行分类。

（1）从广告发布的媒体来看，可分为报纸广告、杂志广告、电视广告、收音机广告、网络广告、直邮广告和户外广告等。

（2）从广告的受众来看，可分为消费者广告、商务广告和服务广告。

（3）从广告所涉及的范围来看，可分为产品广告和企事业广告。

（4）从产品的生命周期来看，可分为介绍性广告和销售性广告。

（5）从广告发布的区域来看，可分为国际广告、国内广告和地区广告。

（6）从广告的制作方式来看，可分为文字广告、音频广告、音频视频广告和动态广告。

以上只是广告的一个粗略分类，由此我们可以看出广告的多样性和复杂性。值得注意的是，尽管各种不同类别的广告在语言特征、风格、功能、目的上具有一些相似性，但不可避免地存在一些差异。这些差异要求译者在翻译不同类别的广告过程中，采用不同的翻译方法和技巧，以下着重讨论商务广告的语篇策略、语言特点和翻译方法。

（二）商务广告的语篇策略

作为一种具有很高商业价值的实用文体，广告一般由语言文字和非语言文字两部分组成。语言文字部分包括标题、正文和口号，非语言文字部分包括商标、插图和色彩、版面编排等。

需要指出的是，虽然大多数商务广告的文案都包括这几部分，但是有些被大众所熟知的广告却只以标题、口号加上商标或插图的形式出现的。

1.标题和口号策略

广告标题是表现广告主题的短文或短句，是广告的核心。一则好的广告标题能够迅速引起读者的注意，吸引读者阅读广告正文，并且有助于给读者留下深刻的印象。在快节奏的现代社会里，大部分读者都会把注意力放在标题上。在广告中，广告口号是用简明的文字写出的具有宣传鼓动和加强印象作用的文字形式。它的结构与标题相似，有些口号甚至是从标题直接演变过来的。一般来说，广告的标题和口号应采用以下策略。

（1）用字节俭，精练醒目

很多广告标题都较精炼醒目，举例如下。

诺基亚移动电话的广告标题"Use me"短短两个字，非常醒目，给人留下深刻的印象。

百事可乐的广告标题"Generation Next"简洁明确地传达了品牌的定位，百事可乐从年轻人身上发现市场，把自己定位为新生代的可乐，可谓为自己创造了一个市场。

（2）形象生动，感染力强

广告标题如果只泛泛而谈，就很难感染读者，难以给读者留下印象。只有形象、具体、生动的语言，才能引起读者的兴趣。

例如，一则电动剃刀的广告标题为"Baby your legs"，此句将 baby（婴儿）活用为动词，意为"像对婴儿般对待、呵护"，显得非常生动。

再如，奥林巴斯广告"Focus on life"（瞄准生活）；飘柔广告"Start ahead"（成功之路，从头开始。）

以上都非常形象生动，感染力较强。

（3）别出心裁，标新立异

为了引起读者的注意，广告标题往往追求新颖奇特、令人玩味的美妙效果。

例如：Saturday night on Sunday morning.

这是一则推销录像机的广告标题。看到此标题，读者不禁对标题中时间颠倒、违反常规而感到疑惑，直至看完正文才恍然大悟：录像机可以把周六精彩的节目录下来，到周日早晨再重放。此标题既新奇，又耐人寻味。

（4）阐明利益，激发兴趣

人们在阅读广告时，总是考虑自己预期的收益，因此能让读者感受到切实利益的广告标题总是非常有效。

例如，花旗银行的广告标题"A word to wealth"（一言致富），表明花旗银行可以带给读者的是财富。

2.语篇策略

英语广告常用的语篇策略模式有"一般—具体""问题—解决""原因—结果""假设—事实"等几种。以外，在版面较小的广告和小商品广告中，语篇常常采用"劝导—

联系"策略，即直接进入主题——劝导购买行动，然后交代与公司的联系方式。总的来说，广告语篇运用得最多的是"一般—具体"和"问题—解决"策略。"一般—具体"语篇往往是先概述某产品的优越性能或服务的优越品质，然后再进行具体的分述。这类语篇在结构上略显平淡，但在它平实的语言中洋溢着诚恳和真情，这是它的制胜之处。"问题—解决"语篇可以扩充为"情景—问题—解决办法—评估"。一般先向受众提供情景，指人或物，也可能是时间或地点，然后指出问题，以吸引受众的注意力，激起受众的好奇心，再推出广告产品作为解决问题的方法，最后从不同角度对产品进行评估，这部分往往是广告的主体部分，担负起介绍产品性能与特点的任务，把有关信息传递给受众或潜在消费者，以激发他们的购买欲望。这种策略可以用于篇幅较长的广告。

二、商务广告的语言特点

作为一种商业性的语言，广告的目的在于说服或提醒人们购买某种产品或采取某种行动，具备"推销能力"，激起人们的购买欲望；广告也具备"记忆价值"，给人留下深刻的印象；它还具备"注意力价值"和"可读性"。

为了使一则广告能在短短几秒钟内清晰准确、言简意赅地表达其商品的主题和丰富的含义，就须借助不同的修辞手法来构思语言的表达方式，使其语言精练，生动有趣，新颖别致，耐人寻味，令人过目难忘，使广告语成为精雕细琢、匠心独具、具有语言艺术魅力与商业推销价值的有机结合体。

（一）广告英语的词汇特点

1.常用形容词及其比较级、最高级

有位广告学家曾把广告称为"永远没有丑恶，没有苦难，没有野蛮的奇妙世界"。商家为了推销自己的商品，必然要对自己的商品进行粉饰、美化，因此广告中常常使用大量褒义的、赞美的形容词，来说明产品的性能、品质及优点。英国语言学家 G. H. Leech 将英语广告中经常出现的形容词按其频率高低依次排列，前 20 个是 new、good/better/best、free、fresh、delicious、full、sure、wonderful、clean、special、crisp、fine、big、great、real、easy、bright、extra、safe、rich。仔细分析就会发现，在这些常用的形容词中，评价性的形容词占大部分。商家甚至使用形容词的比较级或最高级来间

接与同类产品相比较，突出自己的优点，以增强消费者的信心。

例如，茶叶广告：Why our special teas make your precious moments even more precious?

其中，形容词 precious 与比较级 more precious 的使用，突出了该茶叶的与众不同。

2.广泛使用人称代词

为了使顾客对商品感到亲切，并增强其参与感，现代英语广告广泛使用人称代词，尤其是第二人称 you 的使用，拉近了商家与顾客的距离，也体现出商家处处为顾客着想的用心。

例1：Our philosophy is simple. To give you the most important things you want when you travel.（酒店广告）

例2：We made this watch for you—to be part of you.（手表广告）

此二则广告中 our、you、we 的使用，让顾客感觉如同和商家在进行面对面的交流，倍添身临其境的亲切感和对商家的信任度。

3.杜撰新词怪词

广告中常使用词汇变异手段创造新、怪词，使消费者能在不经意间注意到广告的商品。这样既体现了产品的新、奇、特，满足了消费者追求新潮的个性心理，又可取得某种修辞效果，引人注目，是推销商品的有效手段之一。

例如：What can be delisher than fisher?（钓鱼广告）

Delisher 是谐 delicious 之音故意杜撰出来的，目的是与后面的 fisher 造成押韵的效果，突出钓鱼的乐趣。

4.雅语、俗语各有特色

由于广告宣传的商品不同，面对的消费群体各异，所以广告的语体也有很大的差别。

广告中雅语、俗语的使用各有千秋。"雅"指优雅而正式的书面语，"俗"指口语、俚语和非正式语言。为了体现广告的大众化特点，常会使用易懂易记的和生动活泼的俗语，使广告更贴近生活，让消费者乐于接受。

例如：

You've gotta try it!

I'm lovin'it!

有时为了吸引高层次的消费者，广告中会使用正式的书面语来描述豪华汽车、高级化妆品及名烟名酒等奢侈品。因为这类高档商品的消费者多为富裕且受过良好教育的人士，用雅致的广告语，既能体现商品的高贵品质，又能满足此类消费者讲究身份和地位的心理。

例如，别墅销售的广告：The home of your dream awaits you behind this door, whether your taste be a country manor estate or a penthouse in the sky, you will find the following pages filled with the world's most elegant residences.

广告中的 await、be、manor、elegant residences 均是正式词汇，代替了口语体的 wait、is、house、nice place，充分体现了商品的消费群体和商品自身的品质。

（二）广告英语的句法特点

1.多用简单句

广告的最终目的在于鼓动消费者去购买商品。复杂的长句往往会令消费者厌烦，广告目的难以达到。简短清晰的句式经济实惠，节奏急促，跳跃性强，易于记忆且让人印象深刻，容易激发消费者的情绪，是广告用语的首选。

（1）可口可乐广告：Coca-cola is it.（还是可口可乐好！）

（2）戴比尔斯钻戒广告：A diamond lasts forever.（钻石恒久远，一颗永留传。）

（3）雀巢咖啡广告：The taste is great.（味道好极了！）

（4）英语广告写作可概括为一个 KISS 原则，即 Keep it short and sweet.

2.多用省略句

省略句使广告语言简洁生动，不仅能减少广告篇幅，节约成本，而且能突出广告信息中的主题，捕捉顾客的注意力。

欧米茄手表广告：It's a moment you planned for, reached for, struggled for, a long-awaited moment of success. Omega, for this and all your significant moments.（这是你计划的时刻、期望的时刻、争取的时刻、长久等待的成功时刻。欧米茄，记下此刻和所有重要的时刻。）

从"期望"到"成功时刻"，一系列动词短语取代了"it's a moment…"句式，使广告语既简洁紧凑，又鲜明有力。

3.多用祈使句

广告语言作为一种特殊的实用性文体，其形式和内容严格受到广告的特殊文体形式的限制。为了达到刺激消费的目的，商业广告多采用鼓动性的语言。祈使句本身含有很强的劝说、鼓动功效，所以将祈使句应用于商业广告，极大地增强了广告的说服力。

（1）麦当劳广告：So come into McDonald's and enjoy BigMac Sandwich. （走进麦当劳，享用巨无霸。）

（2）信息咨询广告：For more of America, look to us. （更多了解美国，来找我们。）

（3）爱立信广告：Make yourself heard. （理解就是沟通。）

（4）飞利浦广告：Let us make things better. （让我们做得更好！）

4.多用平行结构

并列平行的结构易于形成排比的气势，通过类似的句型给消费者留下深刻的印象。同时，较长的篇幅也有利于将商品的特点描述得淋漓尽致。

（1）沃尔沃汽车广告：Designed with a computer. Silenced by a laser. Built by a robot. （电脑设计，激光消音，机器人制造。）

（2）IBM 公司广告：No business too small, no problem too big. （没有不做的小生意，没有解决不了的大问题。）

（三）广告英语的修辞特点

在英语广告中，为了提高广告文本的审美效果和劝说力，广告作者往往大量使用各种修辞技巧与手段。丰富多彩的修辞格为英语广告创作提供了众多的表现手法和劝说技巧，也是广告语的美感来源之一。审美价值的获得，易使受众接受广告，进而接受广告所宣传的产品或思想观念，从而也就实现了广告的劝说价值。

1.比喻

比喻是将一事物比作其他事物的修辞方法。比喻有明喻、暗喻之分，分别从不同的角度通过形象具体的语言来渲染商品，唤起顾客对商品的心理联想。

（1）明喻

在明喻中，本体和喻体之间常用 as、like 等标志性词语连接起来，从而使人产生一种清晰而具体的联想。

例 1：Some people are as reliable as sunrise…These are Amway people.

这是美国 Amway 保险公司的广告。对于保险公司来说，赢得客户的信赖是头等重要的大事。此则广告把 Amway 人比作是每天冉冉升起的太阳般值得信赖，不仅使人产生认同感，还能够激起读者对公司前景的美好联想。

例 2：Cool as a mountain stream…Cool as fresh Consulate.

这是一则美国产 Consulate 牌香烟广告。这种香烟的特点就在于它的薄荷口味，吸起来口感清凉。广告把吸 Consulate 香烟的感受比作置身于高山密林、山涧溪流之旁，让人不由得产生浑身凉爽、心旷神怡的感觉。

（2）暗喻

暗喻是指根据两个事物间的某种共同特征或某种内在联系，把一个事物的名称用在另一个事物的名称上，说话人不直接点明，而要靠读者自己去领会的比喻。在暗喻中没有 as、like 之类的介词将本体与喻体连接起来。广告中的暗喻比较含蓄，更可激发读者丰富的想象。

例1：High efficiency. Our big bird can be fed even at night.

这是一则法国航空货运公司的广告。广告中把法国航空的货机比作"夜间也可进食的大鸟"，实际上是在向客户说明货机在夜间也可以装货。创意新颖，让人忍俊不禁。

例2：You're better off under the Umbrella.

这是一家保险公司的广告。外出旅行，安全是每个外出旅行者最关心的问题。这家保险公司利用了游客的这种普遍心理，运用 umbrella 这一喻体，形象地使旅游者感到：购买保险，外出旅行，犹如置身于一顶保护伞下，可以无忧无虑地去尽情享受旅行的乐趣；并且，"better off"有"较自在、较幸福"之意，也就是说，购买了这种保险，能使你的旅行生活更自在、更愉快。这则广告喻体恰当、形象，使游客对该公司的保险服务倍感亲切而又真实可信。

例3：We're rolling out the red carpet for Asia's elite travelers.

这是港龙航空公司的广告，用"展开红地毯"喻指为亚洲尊贵的旅行者提供最热烈的欢迎、最高贵的条件，使人联想到接待外国元首般的最高级别的待遇，诱惑力、吸引力由此而生。

2.双关

双关语指同形异义词或同音异义词的巧妙运用。在广告英语中，双关语的运用能够增添广告的趣味性和幽默感，让消费者比较轻松愉悦地接受广告中传递的商业信息。一般常见的有谐音双关和语意双关两种。

（1）谐音双关

谐音双关是将两个语义本无联系的同音或近音异形异义词天衣无缝地安排在句子中，使之产生语义上的双关，它是人们常用来表达幽默的语言形式。谐音双关具有风趣、幽默、俏皮、滑稽的语言风格，应用到广告中能增强广告的说服力和感染力，从而给消费者留下深刻的印象。

例 1：OIC

这是美国一家以"OIC"为商标的眼镜公司推出的广告，读音为"Oh，I see"。该广告既利用听觉语言表现出眼镜给视力不佳的顾客带来的欣喜之情，又利用视觉语言来吸引人们的注意力。简单而又风趣的语言，使人们很容易对这个品牌留下深刻的印象。

例 2：More sun and air for your son and your heir.

这是一家海滨浴场的宣传广告，译文是"我们这里有充足的阳光，清新的空气，对您的儿子——事业和财产的继承人——大有裨益。"其目的是要把广大度假者全家老少都吸引到海滨浴场来。制作者巧妙地运用了同音异义词，即 sun 和 son、air 和 heir 这两对谐音词，说起来朗朗上口、和谐悦耳，极易打动父母的爱子之心。

（2）语义双关

语义双关是利用语言中的一词多义的特点，使词语或句子在特定环境下形成的双关。语义双关是言在此而义在彼，造成一种含蓄、委婉、耐人寻味的意境，增强语言的表达效果，激发消费者的好奇心，从而产生购买欲望。语义双关在广告中运用得非常广泛，它与谐音双关有异曲同工之妙。

例如：Try our sweet corn. You'll smile from ear to ear.

这是一则十分成功的玉米广告语，例句中的"ear"既可表示"耳朵"，又可表示"穗"，"from ear to ear"生动地描绘出了人们对这种玉米的喜爱，"吃了一个又一个，笑得乐开怀"，一语双关地、巧妙地推销了玉米。

例如：Money doesn't grow on trees.

　　　　But it blossoms at our branches.

这是英国劳埃得银行所做的广告。Branch 一词用得很巧，在此有两层意思：一为字面含义，承接上句中的 trees，指树枝；而另一层含义则为分行、支行，即该银行的各个分支机构。事实上，这个广告的真正意图是号召人们将钱存到劳埃得银行。

看了广告，我们不得不感叹广告设计者的匠心独运。

3.仿拟

仿拟一词源于希腊词 Paroidia，意思是 satirical poem（讽刺诗），是指对某一作者所使用的词语、风格、态度、语气和思想的模仿，使其显得滑稽可笑。这种滑稽效果通常是由夸张某些特性而获得的，或多或少利用了类似卡通漫画家式的技巧。事实上，它是一种讽刺性的模仿。仿拟又称仿化，既仿造，又变化。它通常是对人们熟知的某个谚语、格言、名句乃至文章篇章适当地"改头换面"而构成一种颇为新奇的表达内容。这一修辞用在广告中，可使之生动活泼、幽默诙谐，并能使人产生联想，加深印象。仿拟的对象有词、短语（主要是成语）、句子等，因此它可分为仿词、仿语、仿句、仿篇四种。

（1）仿词

仿词是指为了吸引顾客，广告商在文字上大做文章，利用各种构词法模仿、拼凑或按谐音的拼法变体等偷梁换柱的手段，杜撰新词、怪词乃至错别字，以求标新立异、离奇醒目，增强广告的"记忆价值"，从而给予产品及其广告以极大的魅力。

例如：My goodness! My Guinness!

My goodness 原为口语中表示惊叹的说法，Guinness（健力士啤酒，是爱尔兰最畅销的啤酒）与 goodness 尾韵和头韵相同，构成 My Guinness，容易上口，便于记忆，很容易流传开来，同时又惟妙惟肖地勾勒出饮用 Guinness 时赞不绝口的景象。

（2）仿语

仿语是指广告中仿拟某一现成且大家熟知的习语或谚语。

例如：Like son, like father. Like daughter, like mother.

这是一则爽身粉广告。此广告仿拟的是英语习语"Like father, like son."（有其父，必有其子），只是颠倒了顺序，然后仿其句式，延伸出另一句子"Like daughter, like mother."，说明男女老少皆宜。

（3）仿句

仿句是指广告中仿拟某一现成且大家熟知的格言或警句。

例如：Not all cars are created equal.

这是一则日本三菱汽车的广告。该广告套用了美国《独立宣言》中的"All men are created equal"，以示该汽车质量非凡。

（4）仿篇

仿篇是仿照前人著名诗歌和曲调，并做一定的改动，创造出新的意境，多见于电视等有声广告。

例如：

Pepsi Cola hits the spot;

Twelve full ounces, that's a lot.

Twice as much for a nickel, too;

Pepsi Cola is the drink for you.

这则百事可乐广告是仿拟英国民间曲调编写的小韵文，英语为 Pepsi Cola Jingle，它节奏鲜明，抑扬顿挫，和谐匀称，格调优美，容易记忆，被视为十分成功的广告。

4.押韵

英语广告中的押韵包括头韵和尾韵。头韵是把首音相同或相近的单词放在一起，尾韵则是把尾音相同或相近的单词放在一起，以形成视觉和听觉的最佳结合，达到声情并茂的效果。

例 1，索尼产品的广告：Hi-Fi, Hi-Fun, Hi-Fashion, only from Sony.

这则广告中，Hi-Fi、Hi-Fun、Hi-Fashion 分别押头韵 Hi 和 f，富有节奏，赏心悦目。

例 2，太平洋联合航空公司广告：Be Specific—Go Union Pacific.

例 3，窗净牌洗窗剂广告：Wipe it on, Windolen. Wipe it on, Windolen. That's how to get your windows clean. Wipe it off, straight away. Wipe it off, no delay.

例 2 和例 3 两则尾韵广告朗朗上口，让人对该广告记忆深刻。

5.拟人

拟人就是使商品人格化，赋予它人的情感，从而使广告倍加生动，有感染力。

例如：Oscar de La Renta knows what makes a woman beautiful.

Oscar de La Renta（奥斯卡）为女士化妆品名。广告作者不明确讲出产品的优点，而是通过拟人的手法进行宣传，说它深谙女人的美丽之道，这对具有爱美之心的女士来说，显然具有吸引力。

6.夸张

夸张是一种故意言过其实，或夸大、或缩小事物的形象，借以突出事物的某种特征或品格，鲜明地表达思想情感的修辞方式。夸张的描写可以使广告的形象更生动突出，渲染气氛，烘托意境，给消费者留下深刻的印象。

例如：We've hidden a garden full of vegetable where you'd never expect in a pie.

在馅饼里藏一个蔬菜园是不可能的，广告突出的是这种馅饼多用蔬菜作为原料，品种多得就像一个蔬菜园一样，从侧面反映出馅饼的营养丰富。

7.排比

排比有"壮文势，广文义"的修辞效果，广告中的排比具有重复强调的功能，往往通过一连串动词短语的平行出现，表示说话者或写作者的雄辩口才或特别情感，颇具鼓动性。

例 1，万宝路香烟广告：Come to Marlboro country. Come to where the flavor is.

这则广告重复了 come to 这一短语，起到加强读者印象的作用。

例 2，东芝电子广告：Take Toshiba, take the world.（拥有东芝，拥有世界。）

8.设问

英语 rhetorical question 和汉语的设问一样，是指作者自己早有定见却故意提出问题，有三种情况，即自问自答、自问不答和反面提问。在英语广告中，设问一般出现在标题或正文的第一句中。

例 1，《经济学家》广告：

The Economist?

Isn't that a peculiar name for a journal that also discusses America, Britain, Europe, science and technology, world politics, books plus arts, current affairs…along with business, finance and economics?

广告中使用设问句，一问一答，口语色彩很浓，十分活泼，巧妙地传达了该杂志内容的广泛。

例 2，别克汽车广告：

Wouldn't you really rather have a Buick?

这则美国通用公司生产的别克系列轿车的广告，利用反问的形式，提醒消费者注意，刺激其购买欲望。

三、商务广告翻译的原则与方法

翻译是跨语言、跨文化的社会活动。著名翻译理论家尤金·奈达的等值翻译理论是指导商务翻译的最好原则。奈达认为翻译的重点不应当是语言的表现形式，而应当是读者对译文的反应，也就是说，译文要在语言的功能上与原文对等，而不是在语言的形式上与原文对应。因此，在翻译时，除了从语言规律上寻找与原文对等的契合点外，还必须处理文化差异带来的理解上的差异，同时还要考虑原文的词汇及修辞特点。国际广告中的文化及语言差异确实给翻译工作者增加了不少难度，所以不少翻译学家认为国际广告的翻译工作最好是由广告受众国的译者来做，因为只有受众国的译者才能熟知本国的文化、传统、习俗和消费心理等，才能译出符合本国受众喜爱的广告语来。因此，商务广告的翻译应以功能对等为原则，使译文与原文有大致相同的广告效果、信息传递功能和移情感召功能。翻译出来的广告内容必须符合目标语的接受要求，符合广告受众国文化语境中大众的表达习惯和审美心理。

（一）商务广告翻译原则

1.了解所译商品及广告的特点

译者不仅需要了解商品的特征，包括品质、产地、作用、性能、工艺水平、文化情调、价格和信誉度，而且需要了解原广告策划的 6M。具体说来，6M 包括：Market（市场），指对广告目标市场的选择及其特征的把握，包括广告受众的年龄、性别、职业、生活和教育程度等；Message（信息），指广告的卖点、诉求，确定广告中的正确信息；Media（媒体），指广告选择什么媒体将信息传播给目标受众；Motion（活动），指使广告发生效果的相关行销和促销活动；Measurement（评估），指对广告的衡量，包括事后、事中和事前的各种评估；Money（金钱），指广告投入的经费。只有熟知这些，译者在翻译的时候才能掌握好广告的重点。

2.尊重广告受众国的文化传统及消费心理

对于千百年来形成的民族风俗，我们应给予必要的尊重。各个民族、各个国家都有自己的文化禁区，在一种文化中有创意、有优美感的内容，到另一文化中可能会因为文化价值取向的不同而失去原有的美感价值。因此，在从事国际广告翻译的时候，要充分考虑到广告受众国的文化适宜性和消费心理。

例如，三菱汽车公司的广告：Not all cars are created equal.

三菱汽车公司向美国市场倾销产品时，创制了下列广告："Not all cars are created equal"。熟悉美国历史的人一见这则广告，立即会想起《独立宣言》中的"All men are created equal"。日本广告商将原句中的"men"改为"cars"，来突出广告诉求的目标，将原来的肯定句式改为否定句式，道出了该车的优越性能。这则广告词套用了美国家喻户晓的名句，使三菱汽车在美国成功地打开了销路。而三菱公司向我国进行广告宣传时将其广告词改为"古有千里马，今有三菱车"，巧妙地利用了中国古谚，运用对偶这种中国人喜爱的修辞手法，使中国消费者读起来既感到亲切熟悉，又认为生动形象。

3.在广告翻译中注重创新

广告语言本身就充满丰富的想象力和极大的创造性，把一国的广告语言翻译成另一国的广告语言时，由于受到社会文化、语言、民族心理等方面的影响，这种翻译绝非只是一一对应的符码转换，而是要在保持深层结构的语义基本对等、功能相似的前提下，重组原语信息的表层形式。只有有创意的文本，才能出奇制胜，吸引受众的注意，捕捉受众的消费心理，促动受众的消费行为，产生持久的效力。

（二）商务广告翻译中的异化和归化

在商务广告翻译中究竟是采用异化策略，还是采用归化策略，一直是翻译界争论的焦点之一。所谓异化，即在翻译中译文应以原文语言或原文作者为主，而不是对读者妥协，要求读者接受异国的情调；所谓归化，即在翻译中应以目标语言或译文读者为主，归化的译文应让译文读者听了耳熟、看了眼熟，毫无不顺感。实际上，在翻译中是采用异化，还是归化策略，并非取决于译者的主观意志，而是由文体类别、翻译的目的和功能所决定的。不同的文体类别有不同的目的和功能，对语言的要求也是不同的，即使是同一文体，甚至同一文本，也有不同的目的和要求，这往往要求译者采用不同的翻译策略。

（三）商务广告的翻译方法

近年来，在不同翻译理论的指导下，人们提出了各种各样的广告翻译技巧与方法，常见的有"直译""意译""音译""增译""减译""套译""编译""转译""创译""修辞译法""不译"等各种术语。仔细研究后我们发现，各种翻译方法虽然名称不同，但很多方法的实质大同小异。为了便于讨论，我们将特点比较鲜明的翻译方法总结如下。

1.直译法

直译指的是把原来语言的语法结构转换为译文语言中最近似的对应结构，但词汇则依然一一对译，就是指将原文句子表达的表层意思和深层意思按字面直接翻译成目标语，在译文中既保留原文的内容，又保留原文的形式，包括原文的句式、修辞等，举例如下。

三星电子：Challenge the Limits. （挑战极限。）

凯迪拉克汽车：Standard of the world. （世界的标准。）

玛氏巧克力：Melts in your mouth not in your hand. （只溶在口，不溶在手。）

雪碧：Obey your thirst. （服从你的渴望。）

飞利浦电子：Let's make things better. （让我们做得更好。）

中国银行：Bank of China, Fund over China. （中国银行，银行中国！）

安踏：Keep moving! （永不止步！）

2.意译法

由于英汉两种语言和文化的巨大差异，有时不能局限于字面意思进行翻译，而是取原文内容舍弃其形式进行翻译。意译是一个相对于直译而言的概念，通常只取原文的内容而舍弃其形式。这种译法较为自由、灵活，容许译者有一定的创造性，但仍保持原文的基本信息，使翻译的译文从消费者角度看比较地道，可接受性较强。

戴比尔斯钻石：A diamond is forever.（钻石恒久远，一颗永流传。）

原广告简洁明了，符合西方人直接表达的习惯，但如果直译为"一颗钻石就是永远"，就缺少了原有的韵味，读起来也没有朗朗上口的感觉。意译为"钻石恒久远，一颗永流传"，不仅具有原广告的可读性，而且符合东方人含蓄的表达方式。

虽然以上的翻译与原文不能一一对应，而且句子的结构形式更是荡然无存，但原广告词的精髓或深层意思仍然在译文中得以展现。

麦斯威尔咖啡：Good to the last drop. （滴滴香浓，意犹未尽。）

英特尔奔腾：Intel Inside. （给电脑一颗奔腾的"芯"。）

浪琴表：Gone with longines;done with feelings. （浪迹天涯总有琴。）

3.创译法

创译，又称改译，是指再创型翻译。顾名思义，创译法已基本脱离原品牌名的发音及含义，根据产品的具体情况及当地的语言或风俗习惯来翻译，故这种译法就被称为创译或改译。

例如，某品牌车：If it moves, pumps, turns, drives, shifts, slides or rolls, we check it.

句子中连用了几个动词，细说此车化险为夷的性能。如果直译则显得单调，也不符合我们的表达习惯。意译为"成竹在胸，纵横驰骋"则十分形象生动，给人留下深刻的印象。

在以上译文中，很难找到原文的蛛丝马迹了。它们已基本脱离原文的框架，属于重新创造的一类。这种摆脱原文语言的形式束缚、创造性的翻译是一种"从心所欲，不逾矩"的境界，其译文的质量佳，而译文的意境比原文更深远。

4.不译

广告翻译中的不译，主要指当广告口号的原文特别短小精悍，而对应的目标语中很难找到同样朗朗上口的语句时，让该广告口号以原外文的形式保留下来。

例如，耐克：Just do it!

有人曾尝试将该则广告译为"只管去做"或"做就是了"，但都不能表达出原文的神韵，因此耐克公司在中国市场上仍保留该广告的英文原文。

第二节 商标、品牌的翻译

商标、品牌自诞生之日起，就在商品贸易中扮演着举足轻重的角色，21 世纪商业竞争的激烈化和经济的全球化，使其国际化特征更加明显。跨国经营的商家和商品，只有拥有成功的商标和品牌译名，才能够吸引异国消费者，激发他们的购买欲望，从而达到推销商品的目的。因此，商标、品牌的翻译受到了社会各界的关注。商标虽小，却关系重大，如何选用适当的商标和品牌用语，已成为人们在对外商务活动中一个无法回避的问题。

一、英文商标、品牌概述

（一）商标和品牌的概念与区别

根据世界知识产权组织的解释，商标是"用来区别某一工业或商业企业或这种企业集团的商品的标志"。而著名的营销学专家菲利普·科特勒将品牌定义为"一种名称、名词、标记、符号或设计，或是它们的组合运用，其目的是借以辨认某个销售者或某群销售者的产品或劳务，并使之同竞争对手的产品和劳务区别开来"。

乍看上去，商标与品牌似乎没有什么区别，但事实上，两者所包含的范围和使用的领域是不同的。商标是品牌中的标志和名称部分，便于消费者识别。而品牌的内涵远不止于此，它不仅仅是一个易于区分的名称和符号，更是一个综合的象征。另外，两者所使用的领域也不相同。商标是一种法律概念，品牌是市场概念。品牌的一部分依法经过注册，受到法律保护后成为商标。通过商标专用权的确立、转让、争议和仲裁等法律程序，使商标所有者的合法权益得到保护。品牌是企业与消费者之间的一份无形契约，是消费者选择商品的依据。因此，可以说商标掌握在企业手中，而品牌属于消费者。

（二）英文商标、品牌的构成

虽然商标与品牌的概念与使用范围不同，但是两者在构成方式和翻译原则上是一致的。英文商标和品牌主要的来源，无外乎以下三种：源于专有名词、源于普通词汇、源于臆造词汇。

1.源于专有名词的商标和品牌

英文商标和品牌中有相当大一部分来源于专有名词，如人名、地名，以及一些有着特殊象征意义的专有名词。

（1）源于人名的商标和品牌名

第一，英文商标和品牌，特别是早期的商标和品牌，有很多源于公司创始人或产品发明人的姓氏，举例如下。

Goodyear——固特异（Charles Goodyear）

Colgate——高露洁（William Colgate）

Ford——福特（Henry Ford）

第二，有些商标或品牌取自整个人名，举例如下。

Mary Kay——玫琳凯

Calvin Klein——卡尔文·克莱

Pierre Cardin——皮尔·卡丹

第三，有些企业或商品是由两个人共同创造或发明的，因此商标或品牌采用两人的姓氏组合而成，举例如下。

Rolls-Royce——劳斯莱斯（Charles Rolls 和 Henry Royce）

HP——惠普（Bill Hewlett 和 David Parkard）

第四，有些商标和品牌是由人名稍加变化构成的，举例如下。

Pond's——旁氏（Theron T. Pond）

McDonald's——麦当劳（Richard McDonald 和 Maurice McDonald）

Revlon——露华浓（Charles Revson）

第五，有些商标和品牌没有采用发明者或创始人的姓名，而是采用了具有特殊含义的人名，如神话传说中的人名、影视文学作品中的人名和历史名人的姓名等，举例如下。

Nike——耐克（希腊神话中的胜利女神）

Lincoln——林肯（美国第 16 任总统）

（2）源于地名的商标和品牌名

在命名时，也有用地名作为商标或品牌的产品或企业。

第一，一些商标和品牌以公司的所在地、著名的风景名胜地或商品的原料产地为名，举例如下。

Avon——雅芳（莎士比亚的故居 Stratfort-on-Avon 的河流名）

Vauxhall——沃克斯豪尔（伦敦南部的 Vauxhall 区）

Marlboro——万宝路（美国新泽西州的 Marlboro 城）

Longines——浪琴（瑞士的 Longines 市）

第二，有些商标和品牌采用文学作品或神话传说中虚构的地名，举例如下。

Shangri-La——香格里拉（美国作家 James Hillton 的小说 The Lost Horizon 中的地名，风景宜人，犹如世外桃源）

Olympus——奥林巴斯（希腊神话中的诸神寓居之所）

Eden Park——易登帕克（Eden 是《圣经》中人类始祖曾经居住过的乐园）

Utopia——乌托邦（英国作家 Thomas More 笔下的实行公有制的理想社会，它出自两个希腊语的词根：ou 是"没有"的意思，topos 是"地方"的意思，合在一起是"没有的地方"）

（3）其他专有名词

一些商品采用具有一定象征意义的专有名词作为商标和品牌，以引起消费者的联想，达到促进销售的作用。例如，Quaker Oats（桂格燕麦）的商标源自基督教新教的贵格会（又称公谊会、教友派）；Carlton 原是英国保守党俱乐部，以富丽豪华而闻名，因此作为 Ritz-Carlton（丽嘉酒店）的商标非常适合。

2.来源于普通词汇的商标和品牌

普通词汇为商标和品牌的设计提供了更大的创造性和选择余地，但由于受商标法规定的限制，普通词汇构成的商标名只能采用间接提示的方法来暗示商品的质量、效能和实用性。英文中的名词、动词、形容词和数词等都可以单独或组合构成商标或品牌。

（1）利用名词构成的商标和品牌

Apple——苹果（电脑）

Tide——汰渍（洗衣粉）

（2）用动词构成的商标和品牌

Safeguard——舒肤佳（香皂）

Pampers——帮宝适（纸尿裤）

（3）用形容词构成的商标和品牌

Paramount——派拉蒙（影业）

Extra——益达（口香糖）

（4）由数词构成的商标和品牌

555——三五（香烟）

Channel No.5——香 5 号（香水）

7-Up——七喜（饮料）

3.来源于臆造词汇的商标和品牌

外国商家也常常杜撰一些词汇作为商标、品牌的名称，以求商标和品牌名称的新颖独特，给消费者留下深刻印象，激发他们的购买欲望。例如 adidas（阿迪达斯）、IKEA（宜家）等。这些词通常书写简短，发音响亮，给人印象深刻。国际著名商标 Kodak 就是一个成功的案例。该品牌创始人 George Eastman 曾经说过，"K"一直是他偏好的字母，因为它看上去有力而且充满锐意，因此他发明的产品的商标命名必须以"K"开头，最后又以"K"结尾。作为照相机的商标，Kodak 读音明快，恰似按动快门的声音，生动地诠释了商品的特种属性，令消费者产生丰富的想象力。

还有一些臆造的词汇，是设计者根据商品的特点、性能、市场和美学等因素，利用组合、缩略、拼缀、变移、词缀等手段创造的。这些词在国际市场上容易注册，且比较灵活，大都具有提示商品信息和品牌形象的功能。在我们熟悉的一些国际著名品牌中，以这类新创词命名的例子数不胜数。

（1）组合法

组合法是把两个或两个以上的词不加变化地组合成新词。利用组合法形成的商标和品牌举例如下。

Microsoft——微软（软件）

Maidenform——媚登峰（女士内衣）

（2）缩略法

缩略法是对原来的单词或词组进行整合，缩略其中的一部分构成新词。利用缩略法构成的商标和品牌举例如下。

IBM——International Business Machines（计算机）

BMW——Bavarian Motor Works（汽车）

Mobil——Mobile（润滑油）

（3）拼缀法

拼缀法是用两个或两个以上能描绘商品用途、性能、特点的词，取其主题，根据一定的原则混合成新词。这是臆造的商标和品牌设计中经常使用的方法，成功的设计有很多，举例如下。

Duracel——金霸王，电池（durable+cell）

Tampax——丹碧丝，卫生用品（tampon+packs）

Contac——康泰克，药品（continuous+action）

（4）直接描绘商品特征并变化

为了突出商品的特点，商标通常选用能直接描绘出商品特征的词汇。但为了符合商标法的规范，设计者常常采用变移的方法，对这些词汇的拼写或书写做出变化。通常变化出的新词与原词有一定的联系，举例如下。

Cuccess——臣功再欣，药品（success）

Kompass——康百世，机械仪器（compass）

（5）利用词汇的前缀或后缀来合成新词

有时，厂商也利用词汇的前缀或后缀来合成新词，这类词也具有表达某种特殊内涵的功能，举例如下。

Unilever——联合利华（日用品）

Nutrilite——纽崔莱（保健食品）

Band-Aid——邦迪（创可贴）

二、英文商标、品牌翻译的原则

表面看来，商标和品牌的构成简洁易懂，而且不受句子、段落和篇章等因素的影响，翻译起来似乎很简单，实际上则不然。商标和品牌的译名不但要展示商品的属性，而且要考虑民族文化特点，迎合消费者的心理，还要做到文字简洁、易于上口、便于记忆，所以商标和品牌的翻译具有复杂性，也需要翻译理论和原则的指导。

（一）等效原则

对于英语汉译中应遵循的原则，中外翻译家提出过不同的主张，如严复的"信、达、雅"，鲁迅的"保存原作的风姿、力求其易解"，瞿秋白的"直译、意译"，傅雷的"重神似不重形似"，钱钟书的"化境"，张培基的"忠实、通顺"，英国卡特福德的"等值"，美国尤金•奈达的"功能对等"和苏联巴尔胡达罗夫的"等额"等。这些主张各有千秋，是各位翻译家在多年翻译实践基础上的精辟总结，对后人的翻译工作具有指导性意义。但就商标和品牌这种特殊文体形式的翻译而言，似乎以尤金•奈达的功能对等原则较为适用。

功能对等原则要求译文从语义到文体用最贴近、最自然的对等语重现原语的信息，而读者的反应又成为衡量功能对等程度的标尺。奈达认为，翻译的服务对象是读者，要评判译文质量的优劣，必须看读者反映如何，即检验的标准是译文读者和原文读者的感受是否一致。基于商标和品牌信息传递的特点（多采用大众传媒手段）及其商业性质（以推销商品为最终目的），商标名的翻译必须像原商标名一样引人注目，能像原商标名一样激起消费者的购买欲望。换言之，商标名的翻译应尽可能与原商标名具有"等效性"，这里的"等效性"主要表现为以下两个方面。

1.听觉感受等效

众所周知，商标词最主要的功能是吸引顾客并刺激消费。因此，语音是吸引消费者的手段之一。商标词往往具有音韵上的美感，读起来朗朗上口。例如，奥妙（OMO）商标名的翻译既简明响亮、容易记忆，又构思巧妙、意义隽永。而如果按照其英文发音译成"鸥眸"，则在发音和词义上都较"奥妙"逊色。

2.理解反应等效

商标词的翻译要做到意义等效。商标、品牌名称的翻译不能仅仅是字面意义上的对等，还必须是功能上的对等；不仅要译出其言内之意，还要译出其言外之意，即联想意义和象征意义。译名应使消费者在读过之后获得与原语读者相同或相似的感受。因此，商标、品牌的名称在源语言中的含义通常并不是十分具体，重要的反而是其独特性，要能反映商品的属性和特点。比较成功的范例就是可口可乐（Coca Cola）商标的翻译，既突出了饮料的特性，又把喝过这种饮料后的快乐之情充分反映出来。现在，"可乐"已经成为现代社会生活中碳酸饮料的代名词，可见成功的译名在文化中的渗透力。好的商标名称能令人联想到商品优异的品质和卓越的表现，满足人们追求美好事物的心理，让人对商品产生认同感和购买的欲望。如百事可乐的英文商标 Pepsi-Cola 的 Pep 让人联想到饮料的泡沫气体，si 则让人联想到打开瓶盖时碳酸饮料发出的"嘶"的声音，让人如闻其声、如见其物。

（二）简洁原则

所谓"简洁"就是要言简意赅，易于辨认和记忆。汉语在商标音节的组成上有"双音化"的倾向。这是因为作为汉语组成部分的合成词多由两个音节组成，以单音节词为主的古汉语词汇在现代汉语中绝大多数已经双音节化了。现代汉语中许多三音节的日常词也逐渐被双音节词所取代。这种趋势反映在汉语商标上，表现为汉语商标多为两个音节组成的，如美的、海信、波导等。而英语的商标词在组成音节上没有任何约束和限制，有较大的随意性。

一个音节：Nike、Sharp、Peak

二个音节：Avon、Cerox、Sunkist

三个音节：Darmane、Pizza Hut、Safeguard

四个音节：Motorola、Electrolux、Pierre Cardin

由于英汉商标词组成音节数目的不同，所以在翻译英语商标和品牌时，要使译名尽可能符合汉语的特点，对音节较长的外语词进行改造。从实践来看，外来商标和品牌的译名大多为 2～3 个音节，而以双音节为主，这与汉语的最佳音长区间是一致的。例如，采用三字的简译"麦当劳"代替原译名"麦克唐纳"，给人以简洁感而又符合中国人的姓氏习惯，易为中国人所接受。德国名车 Mercedes-Benz 开始被翻译成"莫塞得斯·本茨"，后来译为"奔驰"。此名简洁明快，将其优越的行驶性能和风驰电掣的速度表现得淋漓尽致。同样，Rolls-Royce 译为"劳斯莱斯"，远比译成"罗而斯·罗依斯"更鲜明好记。

（三）审美原则

商品品牌的译名是否恰到好处，将直接关系到该商品在国际市场的地位，进而影响到商业文化的交流。在全球经济和文化的激烈竞争中，一个成功商品品牌译名应该个性鲜明、内涵丰富、具有美感。因此，商标、品牌的翻译应遵循美学原则，做到音、形、意的完美统一。

1.音美

音韵美是指商品名称发音响亮、节奏分明、富有乐感，给人以听觉上美的享受。在翻译商标词时，需注意商标的音韵美。从审美心理上讲，人们一旦进入节奏感的欣赏或者感知当中，就会产生一种期待的心理。在商标、品牌的英译中，应充分运用汉语特有的美音手段。例如，与音强有关的平仄或四声，像 Dunhill（登喜路）、Crest（佳洁士）、Swatch（斯沃奇）等，使品牌读起来抑扬起伏，铿锵有力，朗朗上口。又如，与声韵一致有关的双声和叠韵，像 TaTa（大大），使商品品牌译名发音响亮，韵律和谐，富有乐感。

2.形美

就商标和品牌词的汉译而言，形象美是指商标、品牌的译名应具有原商标的形式特征，使用美好的字眼。例如，Flora（芙露）、Camay（佳美）等。同时，译者需根据不同的产品，选用突出产品特点的字眼来译商标，如美国 Polaroid 公司生产的商标为 Polaroid 的照相机被译为"拍立得"，而商标名称相同的眼镜则被译为"宝丽来"，很好地体现了该商标用于不同产品时的特点。同样，Dove 在作为香皂的品牌时译为"多芬"，带给人滋润柔滑的想象，而作为巧克力的商标时则译为"德芙"。

3.意美

商品译名除了读音优美外，还应该形象鲜明地展现出品牌的内涵，创造出品牌所特有的神韵和意境，引发消费者的想象和联想。例如，美国老牌指甲油 Cutex 表示明艳照人，被音译为"蔻丹"，音意兼顾，获得了很好的市场效应。内衣品牌 Maidenform 本意为"少女体态"，被汉译为"媚登峰"则将女性的曲线美描写得淋漓尽致。再看 Marlboro——万宝路，让人想到选择了万宝路，便选择了一条通往无尽宝藏的人生之路，回味无穷。

三、商标、品牌翻译的方法

在商标与品牌的翻译实践中，译者除了通晓英汉两国语言之外，还必须具备市场学、广告学和消费心理学等学科领域的基本知识，并且要考虑民族差异、文化差异等因素的影响，使汉译后的商标、品牌符合汉语文化的表达习惯，迎合大众的审美心理，才能受到广泛的欢迎。一般说来，商标和品牌的翻译主要有以下几种方法。

（一）音译法

音译法是指在不违背译语语音规范和不引起错误联想的条件下，按其发音，将英文商标词用与之语音相近或者相同的汉语字词进行翻译的方法。一般情况下，此方法多用于源自专有名词、臆造词等的英文商标的翻译。采用音译法翻译的商标多保留了原商标的音韵之美，体现出商品蕴涵着的异国情调。

Adidas——阿迪达斯（体育用品）

Motorola——摩托罗拉（手机）

Marlboro——万宝路（香烟）

Hazeline——夏士莲（洗涤品）

Siemens——西门子（电器）

Giordano——佐丹奴（日用品）

但是，音译法并不是一定要把英文发音原封不动地和汉语发音相对应，而是要根据上文提出的四个原则，尤其是要考虑商品的属性，对翻译成汉语之后的汉语意义进行适当的调整和变通。用音译法处理英文商标时，在汉字的选用上不仅要体现商品的特点，而且要照顾到中国顾客的消费心理，给人以美好的联想。例如，洗发水 Pantene 音译为"潘婷"，简洁明了，音义双美，令人联想到亭亭玉立的少女的秀发飘扬。

（二）意译法

商家有时为了更好地体现商品的性能和品质，在确定商标和品牌名称时就赋予了它一定的现实意义。例如，日本电气公司著名的电器品牌 Pioneer（先锋），很容易使人联想到该商品锐意创新、质量上乘的形象。对于这些商标和品牌，我们通常采用意译法，在尊重原商标含义的基础上，采用灵活创新的方式，使翻译尽量符合目的语的表达习惯，如 Apple（苹果）、Camel（骆驼）、Crocodile（鳄鱼）、Playboy（花花公子）等都属于意译翻译法。意译法还可以细分为直译法和创意译法。

1.直译法

直译法是指在不违背译文语言规范，以及不引起错误联想的前提下，保留原文的表达形式，例如，表达原文所使用的比喻、原文的形象、原文蕴含的文化特点等。此种方法可适用于普通词汇和一部分臆造词汇构成的商标。例如，轿车商标 Blue Bird 翻译为"蓝鸟"。Blue bird 出自比利时剧作家 Maurice Maeterlinck 的童话"Bluebird"，是一只代表着幸福、光明与爱情的鸟。而在汉文化中也有相似的典故。中国神话传说中的"青鸟"是西王母娘娘的信使，传说西王母曾给汉武帝写信，而传书的使者是一只青鸟，它把信一直送到汉宫承华殿前。从此，青鸟也成为通信使者的另一代称，后来的人们常用它来比作爱情的信使。在汉语中"青"与"蓝"意同，因此尽管该品牌直译为"蓝鸟"，中国的消费者也能够明确了解其中蕴含的美好寓意。类似的直译英文商标还有很多，举例如下。

Microsoft——微软（软件）

Shell——壳牌（润滑油）

Diamond——钻石（手表）

American Standard——美标（洁具）

Blue Ribbon——蓝带（啤酒）

2.创意译法

有些英文商标或品牌如果直接翻译，它的汉语意思可能会与商品属性不符或毫无意义，此时可用创意译法。创意译法是指摆脱原商标字面意义的束缚，用汉语把原文意思初步揭示出来，经过词义引申，追求译文功能的有效性。例如，Sprite 的本来意思是"小精灵、鬼怪"，如果直接用这样的译名，恐怕无法为中国的消费者所理解和接受。用创意译法将其翻译为"雪碧"，生动地体现了这种饮料的晶莹透明、冰凉爽口的特点，深受消费者的欢迎。同样，宝洁公司旗下的洗发水品牌 Rejoice 的原意为"快乐、喜悦"，采用创意译法译为"飘柔"，打破了原商标的字面意义，使之与飘逸柔顺的秀发产生联想，体现了商品的特质。这样的译法还有很多，举例如下。

Crest——佳洁士（牙膏）

Sportlife——魄力（口香糖）

3.音意结合法

音意结合法是指以原商标或品牌为基础，在译语中找到发音与原义相同或相似、同时又反映产品一定特征的词汇。这是一种将音译与意译兼容的翻译方法，用此方法处理商标与品牌的译名，不仅要求译名与原名谐音，而且要求译名含有寓意，能反映出商品的某些特征，使消费者从译名的发音和词意中产生与该产品相关的联想。无论是专有名词、普通词汇，还是臆造的词汇，均可采用这种译法。

现实中，音意兼顾译出的商标不胜枚举。例如，美国名牌化妆品 Revlon 源自其公司创始人 Charles Revson 的姓名变体，将其汉译为"露华浓"，则是出自李白的诗《清平调》中的"云想衣裳花想容，春风拂槛露华浓"一句，该译名音意并重，既女性化，又高贵浪漫，十分贴切。著名的体育名牌 Nike，原意是指希腊神话中的胜利女神，将它译成"耐克"，既有坚固耐穿的含义，又包含了克敌、必胜的意思，这样与其原意"胜利女神"不谋而合。相似的情况还有美国 Simons 公司，该公司生产的床垫商标名称为 Simmons，汉译为"席梦思"，不仅音与原意相似，而且还融合了产品特性，使人联想到甜蜜的梦幻，得到了社会的广泛认可，以至于现在已经成为类似商品的代名词。使用音意结合法的，举例如下。

Timex——天美时（手表）

Tide——汰渍（洗衣粉）

Safeguard——舒肤佳（香皂）

（四）半音半意法

半音半意法是指商标或品牌词一部分采用音译，另一部分采用意译的方法。其中的音译常常是以另一部分意译的结果为依据，以商标寓意为导向，如日用消费品企业 Unilevel 中的"uni"意译为"联合"，而"level"音译为"利华"，译文"联合利华"似乎在暗示国人"中外合作，有利于中华"，从而迎合民众心理，有利于产品进入中国市场。再如通信器材商标 Truly，由"true"与词缀"ly"合并改写而成，"true"意为"真实的"，因此直译为"信"，而"ly"音译为"利"，即暗示了这一品牌的产品质量可以信赖，又带有吉利的含义。

（五）零译法

顾名思义，零译法是指对英文商标、品牌不进行任何汉语翻译处理，原封不动地把原文搬到汉语中来。这种译法简单实用，主要针对名称过长或者很难用汉语清楚解释的英文品牌名。例如，美国的 IBM（International Business Machine），很少有人将它称为"国际商业机器公司"，而是直接叫它"IBM"。同样，韩国公司 LG（Lucky Goldstar）也很少被称为"乐喜金星集团"，而是直呼其英文名字。

四、中西文化差异对商标、品牌翻译的影响

翻译是跨文化交际和沟通的桥梁。尽管各民族文化相互渗透、影响，但一个民族由

来已久的文化是不可能完全被另一种文化所取代的。因此，在英文商标和品牌名称的翻译中，必须从社会文化背景考察语言的使用。商标的名称要适应销售地区的风俗习惯，适应不同社会、不同国家的道德观念，使商标和品牌的译名实现"客从主变，入乡随俗"。如果因为文化的差异，原商标词的内在含义很难为译文的读者所领会时，译者就必须根据两种语言和文化的各自特点，采用创造性的翻译方法，设法消除文化差异造成的沟通障碍。东西方文化差异体现在很多方面，举例如下。

从数字上，我们可以看出东西两种文化的差异。在英语国家中，"7"是一个吉祥的数字，相当于中国的"8"。例如，童话《白雪公主》中有 7 个小矮人，一个星期有 7 天，在投掷游戏中得 7 者为胜。所以在商标的翻译中，如果要译出品牌的内在含义，需要译者根据具体情况进行创造性的翻译。例如，英文商标词 Mild Seven 被翻译为"万事发"，7-Up 被译为"七喜"，就很好地体现了商标中蕴含的祝福好运的意思。

另外，国家地理位置的不同，也会引起文化上的差异。如英语商标 Zephyr 就反映了英国特有的文化。在西方文化中，Zephyr 是古希腊神话中的西风之神。由于英国西临大西洋，东面欧洲大陆，西风从大西洋吹来，因此对英国人而言，西风总是温暖和煦的，是令人喜悦和值得歌颂的。因此，英国的汽车用 Zephyr 作为商标很容易被英国的消费者所接受。相反，在中国，西风送来的不是温暖，而是寒冷，因而西风过后到处是衰败的景象，所以西风总是和凄凉、悲伤等情感相联系，例如，"古道西风瘦马，夕阳西下，断肠人在天涯""莫道不销魂，帘卷西风，人比黄花瘦"和"昨夜西风凋碧树，独上高楼，望尽天涯路。"所以，如果将 Zephyr 翻译成"西风"，会使中国的消费者产生消极的联想，而翻译成"和风"才更符合原商标的内涵和神韵。

同样，一些在西方人看来有着积极意义的动物和植物却可能为东方人所躲避和讨厌。例如，猫头鹰在西方是智慧的象征，英语中就有"as wise as an owl"的俗语。在儿童读物和漫画中，猫头鹰通常很严肃，很有头脑，很有学问。动物之间产生争端，都喜欢请它作评判。但在中国，猫头鹰则被看作是预兆凶险的动物。因此，当英国的 OWL 牌钢笔笔尖投入中国市场时，没有直译为"猫头鹰"，而是译为"猎头鹰"牌，以符合中国人的思想观念。与此类似，我们可以想象，如果 Fox 不是译为"福克斯"，而是译为"狐狸"，则一定会让人产生狡猾、欺诈、不可信赖的印象，从而阻碍该品牌在中国业务的发展。

在进行英文商标、品牌的汉译时，不但要了解消费对象特定的文化背景，了解文化差异，还要了解中国汉语言的特点。汉语字词量庞大，同音字、同义字词众多，在翻译英文商标、品牌时，应避免容易造成误解和消极联想的字眼，尽量采用雅致、吉利的词语。否则，即使是吉祥、美好的形象，如果不能选择合适的词汇和方法来翻译，也可能使人产生反感。一个经典的案例就是男子服饰商标 Goldlion 的翻译。Goldlion 商标最初译为"金狮"。狮子在西方文化中是万兽之王，是勇气和力量的象征。用 Goldlion 作商标，可以使人产生高贵、威武的联想。但翻译成汉语，"狮"的发音与"失"同音，与粤语中"输"的发音也很接近，所以当时的销售业绩并不理想。为了满足人们渴望吉利的心理，并使商品更添富丽堂皇的气派，Goldlion 公司后来采用了半音半意的方法，将 gold 意译为"金"；而 lion 一词采取音译方法，两者结合在一起便形成了"金利来"商标，不但悦耳气派，而且寓意美好，所以深受消费者的欢迎。

第三节 商务信函的翻译

一、英语商务信函简介

（一）商务信函及其翻译的重要性

商务信函是商家、企业将各自的商品、服务，甚至声誉向外推介的一种手段，也是互通商业信息、联系商务事宜及促进贸易关系的重要桥梁。从本质上来看，商务信函实际上是一种推销函，写信人总是在推销着某种东西，可能是一种商品、一项服务、一种经营理念，或者是公司的形象和声誉。商家给客户的每一封信函、传真或邮件，都代表着商家的实力和水平。同时，商家也通过这种方式评估和了解自己的交易对象。

自加入世界贸易组织以来，我国的外贸活动日趋频繁。在国际贸易中，由于贸易双方远隔重洋，不可能事无巨细面对面地进行磋商洽谈。因此，英语商务信函在交易双方间发挥着举足轻重的代言作用。如何恰当、准确地翻译商务信函，不仅关系到交易的成败得失，而且还会影响到商家在国际市场上的信誉和前途。严谨、贴切、达意的商务信函翻译，能够帮助商家达到有效沟通的目的。相反，如果商务信函的翻译出现谬误，势必导致双方的误解和疑虑，从而贻误商机，影响交易的顺利进行，甚至带来贸易纠纷和索赔申诉，也会阻碍商家对海外市场的进一步拓展。

英语商务信函翻译是一项艰苦复杂而又精细的工作。要想准确、恰当地翻译各种商务信函，除了要具备了一定的英语基础以外，还要学习经济、外贸、法律等相关领域的专业知识，并深入研究商务信函的构成要素及其语言特征。

（二）英语商务信函的构成要素

正确的格式是对英语商务信函写作最基本的一项要求。一封完整的英语商务信函一般包括以下 12 个部分：信头，案号，日期，封内地址，经办人姓名或注意事项，称呼，事由，信函正文，结尾敬语，签名，缩写名、附件和抄送，附言。

在进行商务书信往来时，一定要注意信件的格式，正确的格式能够表现出写信人认真负责的态度，给对方留下良好的第一印象，为进一步的合作铺平道路。因此，在翻译英语商务信函时，要务必做到使译文的格式和语言风格符合本国语言文化的特点。

二、英语商务信函的文体和语言特征

商务信函是公文文体的一个实用分支，具有某些固定的文体特征和语言特征。英语商务信函的翻译要做到规范、准确、得体，就必须了解英语商务信函的主要文体特点。

下面，我们就从词汇和篇章结构两个方面，来了解一下英语商务信函的文体特点。

（一）英语商务信函的词汇特征

1. 英语商务信函多采用礼貌客气的措辞

在外贸业务中，每笔业务的达成，无不与贸易双方的密切合作有关。因此，礼貌的用语与客气的措辞不仅能体现外贸工作者自身的文化素质，树立本外贸企业的良好形象，而且还会给贸易双方的合作营造友好的氛围，有利于促进贸易往来，建立良好的贸易关系。在外贸业务的各个环节与活动中，措辞都要注意讲究礼貌、委婉，这主要表现在以下几个方面。

第一，收到对方的询函/询盘、报盘、还盘或订单等，不管能否接受，都要以礼貌的语言表示诚挚的谢意。

例1：We welcome your fax inquiry today and thank you for your interest in our products.

译文：感谢贵方今日的传真询盘及对我方产品的兴趣。

例2：We are pleased to have transacted the first business with your firm.

译文：我们很高兴同贵公司达成了首笔交易。

第二，传递令人满意信息时，措辞也应礼貌客气。

例1：Much to our delight, our manufacturers have agreed to advance their delivery to you.

译文：很高兴通知贵方，我方供货商已经同意提前发货给贵方。

例2：We advise you with pleasure that we have this day sent by the Northwest Railway to your final address, freight paid, the captioned goods.

译文：现高兴地通知你方，上述标题货物已于今日由西北铁路公司运往贵公司，运费已付。

第三，提供令对方不满意的信息或向对方表示不满时，更需注意措辞的客气、委婉。

例1：After careful consideration, we regret to say that we cannot but decline the said order.

译文：经过认真考虑，很遗憾，我方不得不谢绝贵方的上述订单。

例2：Your competitors are quoting far below your price. Moreover, the design and style offered by your competitors are excellent. We hope to receive your mutually profitable offers in the future.

译文：贵方的竞争对手所报价格比贵方的报价低得多，而且设计和款式都相当好。我们希望将来能收到对贵我双方都有利的报价。

第四，向对方提出要求或希望时，同样要使用礼貌客气用语。

例1：Your compliance with our request will be highly appreciated.

译文：如贵方能满足我方要求，我们将不胜感激。

例2：We now avail ourselves of this opportunity to write to you with a view to entering into business relations with you.

译文：现在我们借此机会致函贵公司，希望与贵公司建立业务关系。

2. 在代词使用方面，英语商务信函多采用"个人参与"模式

英语商务信函的另一个特点就是"个人参与"，也就是说，在英语商务信函中经常

会出现一些"我方如何如何""贵方如何如何"之类的话。之所以强调"个人参与",就是为了使读信人产生亲切感,不至于让信函显得冷冰冰地无视读信人的感受。这种"个人参与"模式具体表现为:在英语商务信函写作中,通常会采取所谓的"You-attitude"(对方态度)。主语的选择通常为"you",几乎不使用"I-attitude"(我方态度),必要时也要用"We-attitude"代替"I-attitude"。所谓"You-attitude"就是将自己置于对方的立场上,充分考虑对方的要求、需要、利益、愿望和感觉,尊重、体谅和赞誉对方。因为从公司发出的每一封信函都代表着公司的形象,并且是作为友好的使者,所以从对方的观点来看问题,看到对方的处境,了解对方的问题和困难,可以使自己的要求显得更加切合实际和可以理解,还有助于避免尴尬,促进贸易双方的进一步合作。

从下面的句子我们就可以清楚地看出这种"You-attitude"。

例 1: If you could make a reduction by 10% in quotation, we have confidence in securing large orders for you.

译文:如果贵方能将报价降低 10%,我方有信心为贵方获取大批订单。

例 2: Apparently, our shipping instructions were not clear, with the result that the wrong article was shipped.

译文:显然,由于我方装船通知表达不清,导致贵方错发了货。

在例 2 中,尽管使用的代词是"our",而不是"your",但是却切切实实地让我们感受到了这种所谓的"You-attitude"。它所表现出来的主动承担责任、对对方少加指责的诚恳态度,恰恰体现了"You-attitude"的真谛——设身处地地为对方着想、关心对方、切实体谅对方。可见,在英语商务信函中强调"You-attitude"并非要求写信人不分场合地使用第二人称代词,而是提醒写信人要时时刻刻设身处地地为对方着想。

英语商务信函多使用书面语,并且经常会使用一些专业术语和专业缩略词。英语商务信函涉及外贸业务磋商过程的各个环节,以及与此相关的各类单据、单证、协议、合同等,因此带有一定的法律英语文体和公文英语文体的特点,所使用的词语不少是源于拉丁语、希腊语、法语等的书面词语或由其词根派生或合成构成的词语,或是习惯上使用的所谓的"商业用词",它们的意义比较稳定,利于精确地表达概念,使外贸英语信函比较庄重、严肃,举例如下。

ad valorem duty——从价(关)税

bona fide holder——(汇票等)善意持票人

franchise——(保险)免赔额

pro forma invoice——形式发票

在英语商务信函中，为体现正式、庄重与严肃性，较少使用口语化的介词，而多倾向于用较复杂的介词短语，举例如下。

in view of——考虑到，鉴于

prior to——在……之前

as per——按照

in accordance with——按照，依照

一些由 here、there 和 where 加上 after、at、by、from、in、of、to、under、upon、with 等介词共同构成的副词，如 hereafter、hereby、thereby、whereas、whereby 等，虽然在日常英语中很少使用，但由于其带有浓厚的法律语体和正式语体色彩，因而常出现在英语商务信函中，以显示其行文的严肃性和法律意味。此外，这些古体词也可以避免表达上不必要的重复，从而使语言更加简练。

例 1：With reference to Clause 18 of the contract, we hereby place our claims before you as follows.

译文：根据合同条款第 18 条，我方向你方提出如下索赔。

例 2： In compliance with the request in your letter dated March 7, we have much pleasure in sending you herewith our pro forma invoice in quadruplicate.

译文：应贵方 3 月 7 日来函要求，特此随函附寄形式发票一式四份。

另外，由于国际贸易不断发展，业务不断创新，一些专业术语常以约定俗成的缩略词的形式出现在英语商务信函当中，为业内人士所熟知。

在英语商务信函中，专业缩略词的恰当使用，不仅可以帮助企业或组织增强语言的专业性、简洁性，而且可以帮助企业或组织用有限的形式表达出较多的信息，节省写作时间，十分方便。

（二）英语商务信函的篇章结构特征

英语商务信函往往强调一事一信，以免造成混乱。这样可避免造成耽搁，便于对方答复，在特殊情况下，如确有必要把不同性质的几个问题在同一封信函中提出，最好加上标题，且应坚持一个段落解决一个问题的原则。一般的信函包括三个部分：开头语、正文及结束语。表达不同性质信息的信函，应采取不同的篇章结构。

1. 直接式结构

对于传递令人满意或中性信息的信函，一般采用"直接式结构"，即把令人满意或中性的信息放置信首，然后给出必要的解释，最后用礼貌语言表示希望或感谢。

2. 间接式结构

传递令人不满意的信息时，为避免过于直率而伤害对方，影响业务往来，一般采用"间接式结构"。所谓"间接"就是不要开门见山地把坏消息告知对方，而是以一种比较令人愉快的或至少是中性的方式开始陈述，紧接着在给出详细而充分的理由之后，再把不好的消息透露给对方，同时再提出一定的补救措施。采用这种"间接式结构"，可以尽量缓和语气，避免唐突，使对方在看到中性的陈述及可信服的缘由之后，有一定的心理准备去接受信中令人不快的内容。而信函中提出的补救措施，可以进一步消除坏消息给对方带来的不快情绪。

总之，英语商务信函由于受其行业特点的影响，而具有其独特的语言特征。尽管像其他文体一样，英语商务信函的语言特征也不是绝对的，但是了解这些语言特征，将有助于我们更加规范、准确、得体地翻译英语商务信函。

三、英语商务信函翻译中的文体对等

尤金·奈达在给翻译下定义的时候，就曾经提到过文体对等问题，可见文体对等在翻译工作中的重要性。对于英语商务信函的翻译而言，文体对等也是需要我们特别关注的一个问题。

归纳来看，英语商务信函的文体特点无非就是正式严谨、言简意赅、语气礼貌委婉。在翻译英语商务信函时，我们应该力求使用得体的语言，将原文的这些文体风格在译文中体现出来，尽可能做到译文和原文具有同等的文体风格。要想做到这一点，我们需要从以下几个方面入手。

（一）尽量使用书面语言，做到语言简洁规范

作为公文文体的一个实用分支，大量使用习惯用语和行业套话是英语商务信函区别于其他英语文体的一个显著特征。因此，在翻译英语商务信函时，我们也应该尽量使用正式、规范、准确的书面语言，使译文保持原文的风格。

例 1：In reply to your inquiry of 6th August, we are pleased to offer you the following.

译文 1：兹答复贵方 8 月 6 日询盘，并报盘如下。

译文 2：作为对你们 8 月 6 日询盘的答复，我们很高兴地为你们做如下报盘。

通过上面两种译文的对比，我们不难看出，译文 1 使用了正式的书面语言，语言精练，意思表达清楚，符合商务信函的行文风格。而译文 2 则比较口语化，较为随意，而且行文复杂，与原文的风格不符。

例 2：We confirm having cabled you a firm offer subject to your reply reaching us by October 10.

译文 1：现确认已向贵方电发实盘，10 月 10 日前复到有效。

译文 2：我们确认已经以电报的方式给你们发出了一项实盘，该实盘成立的条件就是你们的答复在 10 月 10 日之前到达我们这里。

很显然，译文 1 因为套用了一些正式的商业惯用语（如电发、复到），要比口语化的译文 2 来得正式、简练得多。

例 3：In view of the small amount of this transaction, we are prepared to accept payment by D/P at 30 days' sight for the value of the goods shipped.

译文：鉴于此笔交易金额较小，对于这批货物的货款，我们准备接受 30 天的远期付款交单。

前面已经提到过，为体现正式、庄重与严肃性，在英语商务信函中经常会使用一些比较正式的介词短语，例 3 中的"in view of"便是一例。为做到文体对等，凸显商务信函措辞的正式性，在将其翻译成汉语时，特地选择了"鉴于"这样一个比较正式的书面用语，而没有使用"为了""一想到"等带有强烈口语色彩的词语。

（二）译文的语气要做到礼貌、诚恳

在英语商务信函中，为了给贸易双方的合作营造一个友好的气氛，促成双方交易的达成，礼貌是行文必须遵守的原则。同样，在翻译英语商务信函的时候，我们也要时刻牢记"礼貌"二字，在译文中应该尽量选择恰当的词句将原文礼貌婉转的语气表现出来。

例如，在英语商务信函翻译中，将经办人姓名"Attention"翻译成"烦交……办理"，将称呼中的"Dear"翻译成"尊敬的"，将"you"翻译成"贵方""阁下"或"您"，将"your company"翻译成"贵公司"，将"Yours faithfully"翻译成"敬上"或"谨上"等，这些做法无不是为了体现"礼貌"二字。下面，我们再来举几个例子，感受一下英语商务信函翻译中的礼貌原则。

例 1：Your early reply is highly appreciated.

译文：承蒙早日回复，不胜感激。

译文中加上了原文没有的"承蒙"一词，既解决了被动语态变主动语态后句子不够通畅的问题，又将"礼貌"二字发挥得淋漓尽致。

例 2：We wish to draw your attention to the fact that as a special sign of encouragement, we shall consider accepting payment by D/P during this sales stage.

译文：我们想提请贵方注意，为表示特殊鼓励，我们考虑在现行推销阶段接受付款交单。

译文中将"draw your attention"翻译成"提请贵方注意"，要比翻译成"提醒你们"或"引起你们的注意"显得礼貌得多。

例 3：Owing to the late arrival of the steamer on which we have booked space, we would appreciate your extending the shipment date and the validity date of the L/C to the end of April and May 15 respectively.

译文 1：由于我们订舱的货轮迟到，如蒙贵方将装运日期和信用证的有效期分别延至 4 月末和 5 月 15 日，我们将感激不尽。

译文 2：由于我们订舱的货轮迟到，如果贵方将装运日期和信用证的有效期分别延至 4 月末和 5 月 15 日，我们将感激不尽。

上面两种译文，其实只存在一字之差，但给人的感觉却完全不同。译文 2 使用了"如果"一词，而译文 1 则使用了"如蒙"一词，仅一字之差，译文 1 给人的感觉却要谦恭、礼貌得多。

（三）尽量使用地道的商业用语，体现商务信函的商业风格

商务信函是在商务活动这一特定领域所使用的应用文形式，拟写和阅读此种信函的人都是从事商务工作的个体。在以职业划分的团体环境中，通常存在为方便业内人士交流但外行不懂的语言。这种语言包括专门为定义一个专业概念而发明的词汇、普通词汇在某一特定领域的特定意思，以及由一组词汇的每个单词的开头字母组成的缩写单词。我们称上述这些语言为行话。要将英语商务信函翻译得既专业，又得当，要求我们必须掌握足够的经济、贸易、金融、法律和运输等领域的专业知识，并用地道的商业用语把它们表达出来。只有这样，才能体现出原文的商业风格。

例 1：Due to a serious shortage of shipping space, we cannot deliver these goods until October 11.

译文：由于舱位严重不足，我们无法在 10 月 11 日之前发货。

例 1 中，"shipping space"是海运业务中的一个专业术语，不了解的人可能会按字面意思把它翻译成"装运空间"，但实际上，按照海运行业的专业术语，我们应该把它翻译成"舱位"。

例 2：As stipulated,insurance is to be covered by the sellers for 110% of the total invoice value against All Risks as per and subject to the relevant Ocean Marine Cargo Clause of the People's Insurance Company of China dated 1/1, 1981.

译文：按规定，将由卖方按照发票总金额的 110%投保一切险，一切险以中国人民保险公司 1981 年 1 月 1 日有关的海洋运输货物的保险条款为准。

例 3：It has been our usual practice to do business with payment by D/P at sight instead of by L/C. We should, therefore, like you to accept D/P terms for this transaction and future ones.

译文：我们的惯例是以即期付款交单，而不是信用证方式支付货款。因此，本笔交易和今后各笔交易，我们希望贵方能接受付款交单的支付方式。

在例 2 中，"cover"和"All Risks"都是国际贸易保险中的专业术语，而在例 3 中，"D/P at sight"和"L/C"则是银行业务中的专业术语。只有了解了保险和银行业务方面的专业知识，我们才能把它们翻译成相应的专业术语。

四、英语商务信函的分类及其翻译

商务信函作为信息的使者、感情的纽带和友谊的桥梁，在商务活动中扮演极其重要的角色，其交际功能更是显得格外突出。因此，我们在翻译英语商务信函的过程中，除了要注意文体对等以外，还要注重其交际功能。我们要在分析清楚各种英语商务信函不同的写作目的的基础上，力求使译文体现出原文的商务目的，达到预期的效果。

根据功能划分，英语商务信函大致可以分为两类：一类是以信息功能为主，目的是说明情况、陈述事实、找出问题的解决办法，如询盘、发盘、还盘、索赔函和投诉函等；另一类则是偏重表情功能，目的是表达写信人的感情，增进交流，如感谢信、祝贺信、道歉信和慰问信等。下面，我们将分别举例，来讲述如何翻译这两类英语商务信函。

（一）以信息功能为主的英语商务信函的翻译

在翻译此类英语商务信函的时候，首先要弄清楚它要传达的是怎样一种信息，然后再选择适当的词句和语气，将这一信息表达出来。

在翻译之前，让我们先来分析一下这封信。这是一封拒绝对方展证要求的信函，此类信函应陈述拒绝的理由，而且语气应当婉转。为此，写信人在写这封信的时候采用了"间接式结构"。

首先，在信的开头，写信人并没有直截了当地拒绝对方的要求，而是以一种中立的语气陈述了收到对方来电这一事实。紧接着，写信人又详细地向对方汇报了自己在收到电传以后所做的工作及客户的态度。在做好了这些铺垫之后，写信人才婉言拒绝了对方展证的要求，并进一步提出了自己的期望——希望对方按时装运，以免招致不必要的损失。短短的一封信，既表现传达了必要的信息，又让对方觉得心服口服，可谓匠心独具。因此，在翻译的时候，我们要尽可能地将原文的这种风格体现出来。

（二）以表情功能为主的英语商务信函的翻译

在翻译此类英语商务信函的时候，首先要弄清楚它要表达的是怎样一种情感，然后再选择适当的词句和语气，将这一情感表达出来。

在翻译之前，还是让我们先来分析一下这封信。这是一封感谢专家前来做学术报告的感谢信，注重语言的表情功能，目的在于表达写信人的感激之情。写信人并没有直接夸赞收信人的学术水平是如何之高，而是非常含蓄地告知收信人这些学术报告观点新颖、使得听众受益匪浅。最后，写信人表达了谢意及希望有机会再次聆听对方讲座的美好心愿。整封信洋溢着写信人对收信人的感激之心和敬仰之情，而且分寸拿捏得当，让人感觉非常真诚。所以在翻译时，我们应尽量使用一些贴切的词语，将原文所要传达的情感表现出来。

第四节 商务合同的翻译

一、商务合同的含义和结构

（一）商务合同的含义

合同，也叫"契约"，是双方或者多方为了一定的事由，设立、变更或者终止各自的权利和义务关系而订立的条文或协议。它是一种格式规范、措辞得当、句法结构严谨、表意明晰的文本形式。

我们知道，合同无处不在，大到公司买卖，小到日常生活，都会用到合同。合同作为具有法律约束力的文件，一般由以下几个要素构成。第一，签约方必须具有缔结合同的能力，即法人地位。第二，签约方必须在自愿的基础上达成协议。第三，签约方必须明确相互的承诺、责任和义务。第四，合同的内容必须合法。

合同分为口头合同和书面合同。在实践中，我国通常认为涉外经济合同原则上应当采用书面的形式，通过合同书、协议书、确认书、信件和数据电文（如传真、EDI、电子邮件）等这些书面形式均可订立合同。

商务合同是经济发展的产物，受到国家法律的承认和保护，1981 年颁布的《中华人民共和国经济合同法》是有关中国企业拟定和签订商务合同的法律依据。商务合同一经签订，当事人各方应该严格遵守，凡违约者均应对违约所造成的损失承担法律责任和经济责任。一旦发生合同纠纷，可经友好协商解决或通过仲裁解决。如果一方触犯法律，应该受到法律的制裁。

在全球经济贸易活动日益频繁的今天，合同具有法律效力，可以约束合同相关各方的行为，保证商品买卖、合资经营、信贷、合作或转让、投资、租赁、加工、运输、聘用和保险等商业往来的正常进行。商务合同是规范合同各方权利和义务的有效依据，是保障社会秩序的有效法律手段。一份严谨的商务合同，能有效地预防、避免纠纷，保障合同各方的利益；而一份考虑不周全或者叙述不完整的合同，则是纠纷和诉讼的隐患，可能会给一方或双方造成严重的经济损失。

（二）商务合同的结构

商务合同作为经贸活动中的一个重要组成部分，内容丰富，形式各样。国际商务合同是涉及两国或两国以上经贸往来的合同，牵涉面更广。虽然不同的合同具体事项各有不同，而且大小公司都会有自己的合同制式，但是合同的基本条款和结构都是大同小异的。合同有正本和副本之分，通常由约首、主体和约尾三部分构成。

1.合同的约首

约首部分即合同总则，其主要内容有具有法人资格的当事人（即合同各方）的名称（字号）或姓名、国籍、业务范围、法定住址、合同签订日期和地点、就感兴趣问题的约因、愿意达成协议的原则及授权范围。总之，主要明确合同的主体是谁，合同各方是否具有合法主体资格，合同及合同争议应适用的法律，合同履行地点，合同生效、终止、履行等日期及争议时的司法管辖权。

2.合同的主体

正文部分是合同的实质性条款，是合同的中心内容，以此明确规定当事人各方的权利、义务、责任和风险等，通常包括以下几个方面。

（1）合同的标的及其种类与范围；

（2）合同标的质量、标准、规格和数量；

（3）合同履行的期限、地点和方式；

（4）价格条件、支付金额、支付方式和各种附带费用；

（5）合同能否转让，如能转让，说明转让条件；

（6）违反合同的赔偿及其他责任；

（7）争议的解决方法；

（8）明确风险责任，约定保险范围；

（9）合同的有效期限及延长或提前终止合同的条件。

（三）合同的约尾

合同的约尾包括合同使用的文字及其效力、签订合同各方单位全称和法人代表姓名、委托代理人签字并盖章，以及签约日期。

二、商务合同的语言、句法与文体特点

（一）商务合同的语言特点

商务合同是特殊的应用文体，是具备法律效应的文件，它严格规定合同双方的义务、权利、行为准则等明确条款。因此，为了避免产生任何误解和歧义，必须行文严谨，措辞准确、规范、具体、质朴、庄严，其用词具有准确严谨、正式专业等特征。

1.用词正式规范，多用书面语

商务合同是具有法律效力的文本，对交易各方的权利、义务和行为准则的准确含义和范围进行直接而明确的规定，其措辞必须准确、正式，以及不带个人感情色彩。因此，与口头陈述不同，此类文本多使用规范的书面语及带有法律性质的词汇，来取代同义的一般词语。

2.用词专业，多使用术语及缩略语

专业术语具有鲜明的文体特色，其意义精确、单一无歧义，且不带有个人感情色彩。为了准确描述商务活动中的各个交易环节及与此相关的各类单据，商务合同中使用了大量表意清楚的商务术语、法律术语及缩略语。

3.使用古体词

商务合同具有古体特点，这种古体特点的一个主要标志是古体词语的使用。古体词是一种具有鲜明文体色彩的词汇成分，尽管古体词在现代英语口语和一般书面语中极少使用，但在商务合同等法律文体中，古体词却大量出现，充分体现出其庄重严肃的文体风格。

商务合同英语中最常使用的古体词多为一些复合副词，除了体现其庄重严肃以外，还可避免不必要的重复，使意义更加清楚、简明，使得商务合同文本更加严肃、有逻辑性。

4.使用外来话

商务合同中使用的商务类专业术语有不少源于拉丁语或法语，有些则是由其词根派生或合成，许多术语都有相同的前缀或后缀。它们的意义比较稳定，利于精确地表达概念。例如，"ad valorem duty"（拉丁语）从价（关）税，"bonañde holder"（拉丁语）汇票的善意持票人，"ex dividendlex coupon"除股息／除息票（ex 为拉丁语，意为 without, not including），"pro rata tax rate"比例税率（拉丁语，即 proportional tax rate），"agent ad litem"（拉丁语）委托代理人，"pro forma"（拉丁语）估算表。

5.情态动词的准确使用

may、shall、should、will、must、may not、shall not 等情态动词很常见，但是在商务合同中，这些词具有特殊的意义，它们旨在明确约定合同当事人的权力（可以做什么）、当事人的义务（应当做什么）、强制性义务（必须做什么），以及禁止性义务（不得做什么）等内容。

一般来说，"may"在表示合同中的权利、权限或特权的场合中使用；而"Shall"在合同中并不是单纯的将来时，一般用它来表示法律上可以强制执行的义务。所以，"shall"在译文里，通常表示"应该"或"必须"。

6.多用并列结构

商务合同力求正式准确，避免可能出现的误解或分歧，所以同义词（近义词）并列的现象十分普遍。有时候是出于严谨和杜绝漏洞的考虑，有时候也属于合同用语的固定模式。

这种并列结构通常是由 and 或 or 连接使用，如 furnish and provide、full or perform、null and void、in full force and effect 等。这种并列结构的使用，具有两个目的：一是通过两个或多个词语的共同含义来限定其唯一词义，从而排除了由于一词多义可能产生的歧义，这也符合了合同语言表达严谨、杜绝语义歧义或漏洞的特点；二是两个或多个词语的并列来体现商务合同的正式性，维护法律文件的尊严。

（二）商务合同的句法特点

商务合同的用词专业、准确、正式，其句法则有结构严谨、句式较长的特点。这种特点一方面体现了此类法律文体庄严的风格、严谨的结构和清晰的逻辑；另一方面便于排除被曲解、误解而出现歧义引发争端的可能性，维护双方的合法权益。一般来讲，商务合同的句法特征主要体现在以下几个方面。

1.多用陈述句

陈述句多用于阐述、解释、说明、规定和判断，其语言显得比较客观、平实，可以准确客观地陈述与规定合同当事人的相关权利与义务。因此，在商务合同中大量使用陈述句，很少使用疑问句、祈使句，以及感叹句。

2.多用现在时

在商务合同所涉及的内容中，将来的事情远远多于现在，但是对此类事物的讲述一律用现在时，而不用将来时，旨在强调其条款的现实性、原则性和有效性。

3.多用长句

商务合同的句式结构复杂，常常是句中有句，层层修饰，目的是力求严谨、清晰，准确界定合同当事人的有关权利与义务，排除被曲解、误解或出现歧义的可能性。

4.多用条件句

商务合同主要约定合同各方应享有的权利和应履行的义务，但由于这种权利的行使和义务的履行均赋有各种条件，所以条件句的大量使用成为商务合同的又一特点。条件句多由下列连接词引导，如 if、in the event of、in case（of）、should、provided（that）、subject to、unless otherwise 等。

5.多用被动语态

一般情况下，商务合同的文体因素和语言环境要求强调客观事实，尽量减少个人感情、意愿的影响，从而使论述更客观、平实。因此，动词的被动语态形式有很高的出现率。

6.名词性结构的使用

在商务合同中，常有意识地使用抽象名词代替动词，这就是所谓的名词性结构。名词性结构主要是指表示动作或状态的抽象名词，或是起名词作用的非谓语动词。名词性结构用以表明抽象思维的逻辑性和概念化，从而使语体更加正式、更加具有书面语风格。

（三）商务合同的文体特点

商务合同作为法律文本有其自身鲜明的特点，在文体上主要体现为规范性、条理性和专业性。

1.规范性

商务合同的订立，须符合国家的有关法律、法令和政策规定，针对不同行业的特点，具体规范当事人的签约行为，体现平等互利、协商一致、等价交换的原则。其格式行文规范，内容条款严谨，合同要素齐全，语言表达严密，不能有漏洞或错误，以免造成不必要的麻烦或损失。

2.条理性

商务合同文体的基本格式是纲目、条项和细则，其逻辑上和语体上均要求条理非常清晰明了、项目分明。例如，英文合同的主体由约首、正文和约尾构成，合同正文一般由标有小标题的一般性条款和特别性条款构成，制式相对固定，无明显差异性。

3.专业性

合同不同于一般应用文体，它与当事人利益息息相关，因而大多由律师或公司法务人员起草或代笔，经过专业人士的反复推敲和深思熟虑，有自己的套路和行话。在合同起草方面，许多公司的观点是，与其等到合同执行出现问题却发现无据可依，还不如丑话说在前面，制订一份专业而复杂的合同，为将来可能发生的事扫清障碍，铺平道路。

三、商务合同的翻译标准和原则

（一）商务合同的翻译标准

翻译界广泛认可的翻译标准总体上适用于合同文本的翻译，如严复的"信、达、雅"、傅雷的"传神"、钱钟书的"化境"、奈达的"功能对等"等理论，对合同翻译具有重要的宏观指导意义。与其他语言相比，合同语言最重要的特点是准确、严谨和规范。正如侯维瑞教授所指出的，法律文书必须词义准确、文体确切，丝毫不能允许语义的模棱两可而使人误解，被人钻了法律的空子。它的全部内容必须字面化、表层化，言外之意、弦外之音、含蓄表达、引申理解等深层意义在法律文书中是没有立足之地的。它宁可牺牲文字流畅，也要保持文意斩钉截铁的确凿性。

作为法律文件的合同，对于签订双方来说都具有法律效力，它严格规定了签约双方的义务、责任、权力、行为准则的含义和范围。而商务合同的翻译是一种跨文化交际活动，重在交际意图的达成。由于受到具体的交际语境、特殊的语言规律、特定的专业知识结构和不同文化习俗的影响，翻译时如何能够忠实地反映出原文的内容和风格，一直是译者面临的一个很大的难题，需要译者在翻译实践中不断研究和反复探索。

林克难先生认为，法律文本宜先看后译。解读是翻译的前提，有了正确的解读，才能有正确的翻译。在具体翻译合同的过程中，译者必须看懂原文体式，了解法律文体的严肃性和权威性，注意目的语的交际目的，在语际转换中应信守合同原文的文体，保留法律文体的各种特点，遵守合同的惯例，注意遣词造句，表达要符合原文特色，条理清楚，意义完整，前后一致。

（二）商务合同的翻译原则

一般来说，在翻译商务合同时，应遵循以下三个翻译原则。

1.准确性

准确性是商务合同翻译的灵魂。王宗炎先生指出，辨义是翻译之本。辨义就是对合同文字字斟句酌，深刻理解，把握原文的确切含义，紧扣合同的文体与格式，忠实地再现原文，争取在内容和文体风格上达到最贴近的对等。

但是，对等绝非单纯的字面对应，绝非机械地生搬硬套。例如，对于汉语中"打白条"的翻译，如果盲目追求形式上的对等，逐字对应翻译成"to issue blank PaPer"，外国人看了就会觉得莫名其妙，不知所云。而如果用"to issue IOUs"（IOU 是"I owe you"的缩略词）来表达这一意思，让人一看就能明白。

在国际经贸活动中，经常会遇到商务合同翻译方面的错误，而且因翻译问题引起的纠纷或官司也屡有发生。合同文字的错译、漏译，有时看似小小的问题，并不起眼，却常常失之毫厘，差之千里，会给国家、企业或个人带来损失，所以翻译时需慎之又慎。在两种语言的转换中，译者需要具备相应的法律和文化知识，正确理解对应表达的含义范围，以"求信"为标准，在准确的基础上，力求译文通顺。

2.严谨性

合同翻译要在结构上和语言上体现严谨的原则。在结构上，要严格按照法律文件的程式和文体；在语言上，要使用正式的法律语言，使用专业的法律词汇、术语和句型结构，表达清楚明确，措辞严密，避免用模棱两可的词句或多义词。

3.规范性

在翻译商务合同时，应遵照合同文体和语言的规范，按照约定俗成的范式，以另一种语言再现原法律文本的权威性和规范性，不允许文字上的随意性。译文不仅要做到语言上的规范化，还应做到专业上和风格上的规范化。由于商务合同是双方维护自己权益的书面法律依据，因此它的措辞要求运用庄严的语言或正式文体，只有经双方同意后，才能对合同的语言文字进行变动或修饰。译者翻译时必须严格按照原文，避免随意性。例如，专利许可协议中的"特许权使用费"用"royalties"一词表达，还款或专利申请的"宽限期"对应的英文为"grace"等，这些均为合同中常用的规范用语。

四、商务合同的翻译技巧

（一）转换法

转换法是英汉互译常见的技巧之一，它是指一个词在源语中的词性在目的语中未必就是同一个词性。使用转换法翻译商务合同，就是把英语合同中的某一成分转换为汉语合同的另一成分，或将汉语的某一成分转换成英语的另一成分，不需要一词一句地拘泥于原文的顺序排列和句子结构，根据翻译语境和具体业务中的背景有机转化，从准确翻译的角度出发进行翻译。通过对句子成分和结构形式做出适当调整，使合同的译文更加通顺、更加规范。

1.主语转换为谓语

主语转换为谓语，前提是原文的主语是动作性名词，且是被动语态形式。在翻译时，须将英语的被动语态调整为汉语的主动语态，进行转换翻译。

2.主语转换为宾语

主语转换为宾语，原文的主语一般是名词，且采用被动语态。在翻译时，须将英语的被动语态调整为汉语的主动语态，主语转换为宾语。

3.表语转换为谓语

在介词短语作表语时，可将其转换为汉语的谓语，这样有利于译文的连贯。

4.定语转换为状语

在英语中，如果将某一含有动作意义的名词转换为汉语的动词，那么，原来名词前的形容词或分词作定语，即可转为汉语的状语。除以上几种转换方式外，在商务合同的翻译中还存在宾语转换为谓语、表语转换为主语、状语转换为主语等形式。

在商务合同中，有关包装、装运、保险、支付、检验、争端解决等条款，大多采用被动句结构。在翻译这类被动句时，通常采用转换法，即将源语中的被动语态转换成译语的主动语态，以便更好地体现合同行文的得体、严谨等特征。

（二）长句的翻译

由于英汉两种语言在思维、表达方式等方面的差异，在翻译商务合同长句时，不能照句直译，应在充分理解句中短语、修饰词和连接词所传递含义的基础上，把握句子的中心思想及句中各部分之间的逻辑关系，采用顺译、分译、合译、语序调整等手段，对原句进行处理。一般说来，英语重形合，句子的各个成分由连词、介词或起连接作用的各种词组组合起来，句子结构较为严谨，句型常呈树枝状展开，长句较多；而汉语重意合，句子成分主要靠意思串联，句子结构较为松散，多以连锁式的短句呈现。因此，在商务合同的英汉互译中，要特别注意体现两种语言在结构上的差异。

（三）酌情使用公文语惯用副词

商务合同属于法律性公文，所以在英译时，有些词语要用公文语词语，特别是酌情使用英语惯用的一套公文语副词，就会起到使译文结构严谨、逻辑严密、言简意赅的作用。但是从一些合同的英文译本中发现，这种公文语副词常被普通词语所代替，从而影响到译文的质量。

实际上，这种公文语惯用副词为数不多，而且构词简单易记。常用的这类副词是由 here、there、where 等副词分别加上 after、by、in、of、on、to、under、upon、with 等副词，构成一体化形式的公文语副词。

（四）谨慎选用极易混淆的词语

在英译商务合同时，常常由于选词不当而导致词不达意或者意思模棱两可，有时甚至表达的是完全不同的含义。因此，了解与掌握极易混淆的词语的区别，是极为重要的，是提高英译质量的关键因素之一。现把常用且易混淆的七对词语论述如下。

1.shipping advice 与 shipping instructions

shipping advice 是"装运通知"，是由出口商（卖主）发给进口商（买主）的。然而 shipping instructions 则是"装运须知"，是进口商（买主）发给出口商（卖主）的。另外，要注意区分 vendor（卖主）与 vendee（买主），consignor（发货人）与 consignee（收货人）。上述三对词语在英译时极易发生笔误。

2.abide by 与 comply with

abide by 与 comply with 都有"遵守"的意思，但是当主语是"人"时，英译"遵守"须用 abide by，当主语是非人称时，则用 comply with。

3.change A to B 与 change A into B

英译"把 A 改为 B"用"change A to B"，英译"把 A 折合成/兑换成 B"，用"change A into B"，两者不可混淆。

4.ex 与 per

源自拉丁语的介词 ex 与 per 有着各自不同的含义。英译由某轮船"运来"的货物时用 ex，由某轮船"运走"的货物时用 per，而由某轮船"承运"用 by。

5.in 与 after

当英译"多少天之后"的时间时，往往是指"多少天之后"的确切的一天，所以必须用介词 in，而不能用 after，因为介词 after 指的是"多少天之后"的不确切的任何一天。

6.on/upon 与 after

当英译"……到后，就……"时，用介词 on/upon，而不用 after，因为 after 表示"……之后"的时间不明确。

7.by 与 before

当英译终止时间时，如"在某月某日之前"，如果包括所写日期时，就用介词 by；如果不包括所写日期，即指到所写日期的前一天为止，就要用介词 before。

（五）慎重处理合同的关键细目

实践证明，在英译合同中容易出现差错的地方，一般来说不是大的陈述性条款，而恰恰是一些关键的细目，如金钱、时间和数量等。为了避免出现差错，在英译合同时，常常使用一些有限定作用的结构，来界定细目所指定的确切范围。

1.限定责任

众所周知，在合同中要明确规定双方的责任。为英译出双方责任的权限与范围，常常使用连词和介词的固定结构。现把最常用的此类结构举例说明如下。

（1）and/or

在英译合同中，常用 and/or 表示"甲和乙+甲或乙"的内容，这样就可避免漏译其中的一部分。

（2）by and between

常用 by and between 强调合同是由"双方"签订的。因此，双方必须严格履行合同所赋予的责任。

2.限定时间

在英译与时间有关的文字时，应非常严格、慎重地处理，因为合同对时间的要求是准确无误，所以在英译起止时间时，常用以下结构来限定准确的时间。

（1）on and after/on or before

用双介词英译含当天日期在内的起止时间。

（2）not（no）later than

用"not（no）later than+日期"英译"不迟于某月某日"。

（3）include 的相应形式

常用 include 的相应形式 inclusive、including 和 included 来限定含当日在内的时间。

3.限定金额

为避免金额数量的差错、伪造或涂改，在英译时，常用以下措施严格把关。

（1）大写文字重复金额

英译金额须在小写之后，在括号内用大写文字重复该金额，即使原文合同中没有大写，在英译时也有必要加上大写。在大写文字前加上"SAY"，意为"大写"；在最后加上"ONLY"，意思为"整"。必须注意：小写与大写的金额数量要一致。

（2）正确使用货币符号

在英译金额时，必须注意区分和正确使用不同的货币名称符号，如"$"既可代表"美元"，又可代表其他某些地方的货币。

第七章 商务英语教学的应用

第一节 慕课在商务英语教学中的应用

计算机多媒体网络技术与各学科教学的整合是现代教育发展的一个基本方向，也是学校推进课堂教学改革、深入开展创新教育的一个项重要工作。因此，利用现代信息技术整合英语教学，优化英语课堂教学结构，提高英语课堂教学效率，是一项紧迫而重要的任务。

一、校本慕课沿革和发展

随着慕课的发展，利用校园网等慕课资源进行授课和学生自主学习成为高校教育方式发展的新趋势。以学生为中心，不受时间、地点、次数及进度的限制，充分利用校园网的学习平台、教学资源库、外语学习专题网站等，成为高校学生进行外语语言学习和商务英语能力训练的方式之一。以上海某大学大规模在线免费课程为例，其主要以"课程中心网"来实现慕课教学。"课程中心网"于 2010 年 1 月 1 日投入试运行，全天候、无边界的网上"教"与"学"、面向本校学生乃至所有公众开放的课程，将教师的三尺讲台扩展为无限空间。

目前，课程中心网实行校内免费、校外公开的模式，运行状况良好，课程建设数已达 2 125 门，精品课程国家级 3 门、市级 42 门、校级 37 门，平均每天有 1 万～1.5 万人次在线学习。

二、商务英语慕课内容

上海某大学商务英语慕课主要包括课程简介、教师队伍、课程教案、课程录像、习题自测、第二课堂、学生风采、课程资料和课程互动。慕课为学生提供了相关的海量学习资源，课程网站还整合了一系列网络课程，作为学生进行英语学习的辅助和补充。

为了适应新的教学模式，教学团队积极开发、购置网络课程资源，建设慕课课程网站，现已建立"大学英语""英语口语"和"剑桥中级商务英语"等系列课程慕课网站群。课程网站整合了一系列网络课程和网上学习辅导资源网站，作为学生进行英语学习的辅助和补充。教师们可以利用现代化的教育技术和手段，开展以主题为核心的课堂互动教学，着力培养学生的英语和商务综合应用能力。多媒体网络资源的建设和利用使外语教学发生了质的变化，其特有的信息量大、生动直观、图文并茂、人机交流等优点，激发了学生学习外语的兴趣，提高了学生学习英语的积极性，增加了其商务英语训练的机会，加大了英语语言学习的输入量，为学生提高口语、翻译、写作等语言技能提供了良好的平台。

三、商务英语慕课运行效果

目前，在建慕课外语学院课程中心网站慕课建设项目立项，运行良好，学生点击率很高，在全校英语类排行中位居前列，其资源和互动也在与时俱进、及时更新。商务英语慕课为各个班级开辟了网络共享空间，学生在此可以资源共享、相互交流。大学英语商务英语慕课建设和利用使教学发生了质的变化，打破了传统的课时偏少和班级人数过大的限制，其特有的信息量大、生动直观、人机交流、图文并茂、现场感强、动静结合等优点激发了学生学习的兴趣，增加了其真实商务英语实训的机会，加大了学习内容的输入输出量，为学生提高语言技能提供了良好的平台。

四、慕课的有效拓展

自主学习是一种全新理念，也是对传统教学观念的一种挑战。Henry Holec 最早提出，自主是"对自己学习负责的一种能力"，学习者具备自主性学习的能力，意味着学习者自己能够确定学习目标、学习材料、学习内容和学习方法，能够确定学习的时间、地点和进度，选择学习方法和技巧、监控习得过程及自我评估学习效果。个性化自主学习模式是以"学生为中心"，在老师指导下自主地利用网络和多媒体进行学习的一种形式。多媒体语言实验室或网络教室等慕课资源，为学生提供了个性化学习的良好环境。

通过慕课自主学习平台，学生能充分利用校园无线网络，开展自主英语学习。学校的多媒体自主学习中心、现代化语言实验室等，配有多功能音视频设备，拥有高保真录音机、录像机、磁带音频转录机、电视机、投影仪等电化教学设备的电教室，便于教师制作现代化的教学资料。以上硬件设施都需校电教中心配备专职技术人员提供技术支持。

为进一步推进外语学院服务功能建设，学校还开放了外语自主学习中心，包含外语学习语音实验室、外语学习图书资料室和外语学习语音实验室、外语测试中心，运用调查分析软件对学生进行学习动机、学习策略和学习习惯的问卷调查，同时使用形成性评估系统软件把能力评估、测验和考试分数合成为"学期总评分数"，体现对学习过程的重视。

在在线学习与网络社区互动的结合中，通过对学生多层次、多角度、多维度的互动教学，真正实现个性化教学，营造真实的语言交流环境，保证教学评价的公正性、教学效果的真实性和教学效果反馈的及时性。在课后，通过该平台向学生布置学习任务、实行在线或离线辅导答疑、进行考试分析和成绩管理等，显著提高了教学效率。这样，课上学习与自主学习相辅相成，实现了理想的学习效果。

当然，慕课自主学习并不是对学生的学习放任自流，而是一种有组织、有计划、有目的的学习活动，在网络语言实验室条件下，培养学生的自立意识，让学生充分认识到自己是学习的主人、是知识建构的主体，学生的主动性、积极性才能得到充分的发挥，以期进一步提高教育教学效果。

第二节 翻转课堂在商务英语教学中的应用

一、翻转课堂研究现状

作为一种由网络信息技术发展催生的新兴教学模式，翻转课堂备受国内外教育界的关注。国内外教育专家和学者针对翻转课堂的设计和应用模式等进行了一系列研究，并取得了一定的成果。

（一）国外关于翻转课堂的研究

国外关于翻转式教学的实践和研究主要在美国高校进行，其特点在于重视师生互动。20 世纪 90 年代，哈佛大学物理教授埃里克·马祖尔（Eric Mazur）对翻转学习开展研究工作，将翻转学习与他创立的"同伴教学法"进行整合。他将学习分为两个步骤：知识的传递和知识的吸收内化。马祖尔发现，计算机辅助教学能够解决知识的传递问题。因此，他认为教师角色可以从演讲者变成教练，指导学生进行互助学习，并帮助学生消除一些常见误解。萨尔曼·可汗利用网络视频进行翻转课堂授课获得成功，以他命名的可汗学院"翻转课堂"教学被加拿大《环球邮报》评为"2011 年影响课堂教学的重大技术变革"。

由上可见，国外学者较注重实践式研究，强调学生的主体作用，以改善学生的学习方式和学习环境为主要目的。

（二）国内关于翻转课堂的研究

我国学者对翻转课堂应用于商务英语教学中的研究呈现出不断深化的发展趋势，取得的成果主要体现在以下三个方面。

第一，对翻转课堂在商务英语教学中的应用可行性普遍持肯定态度，认为翻转课堂是一项较为成功的教改创新，合理调整了教学顺序，形成一个完整有机的教学系统，真正贯彻和落实了学生的主体地位。

第二，以商务英语专业所属单位领域为研究对象，区别了高等院校、成人高校、高职院校的特征，探讨了不同的教学模式；针对不同的课程类型，如商务写作、商务听力、综合商务英语等，提出了不同的应用模式。

第三，根据商务英语的专业性质，对翻转课堂的实践应用进行了一定研究。这些研究为商务英语专业教学提供了新的视角，但不难看出，当前研究对翻转课堂教学模式的把握尚不够全面，也不够深入；对商务英语教学的感性经验总结较多，理性思考较少。

因此，全面诠释翻转课堂教学模式并深刻揭示其在商务英语专业教学中的应用，是当前商务英语专业教学研究的一个重要课题。

目前，各高校开设的商务英语相关的课程大致分为以下两类。一是传统的英语基础知识课程，如商务英语精读、商务英语泛读、国际商务谈判技巧和商务英语函电。二是商务英语学科专业课程，如基础会计学、国际贸易理论与实务、货币银行学和电子商务技巧。商务英语的课程建设已经从普通的英语听、说、读、写、译能力培养，逐渐过渡到与经济学相关和与管理学相关的能力的培养，实践性明显增强。目前，用人单位对高校商务专业毕业生的知识和商务活动实践能力要求逐年提高，因此商务英语专业学生的培养模式迫切需要改革。

二、翻转课堂在商务英语教学中的应用

（一）商务英语翻转课堂教学模式设计

以剑桥商务英语（中级）Unit 2 branding 为例，我们可以将商务英语的翻转课堂教学划分为四个阶段，即教学部署安排、自主学习练习、实践运用知识和成果评价提高。

1.教学部署安排

教学部署安排需要教师的全程参与。教师可以根据商务英语人才培养方案的要求，在相关商务英语教学资源网上选择与本单元有关的教学视频，也可以利用网络教学资源找出与该章节相关、适合学生观看的视频，并搭配与该视频相关的辅助性练习作业。

2.自主学习练习

自主学习练习需要学生全程用心参与。学生观看教师准备的与 branding 有关的视频，重点阅读关于 brand stretching 和 brand extension 的理论知识及经典案例分析，并背诵必

要的专业单词，读懂材料相关知识，记录学习过程中遇到的难题，并在课堂中提出问题，最后要能举例说明品牌拓展和品牌延伸的实例。

3.实践运用知识

实践运用知识需要教师和学生的共同参与。教师在此阶段需要创设品牌宣传情境，也可以让学生在课下阅读世界500强企业品牌拓展的相关知识，鼓励学生相互协作，通过小组讨论、主题演讲或者主题写作、课件展示等方式口述经典的品牌拓展或者品牌延伸实例，学以致用。

4.成果评价提高

任何教学设计都是为了提高学生的学习效果，因此对学生的学习成果进行总结评价是必须和必要的，要让学生明确了解自己学习的优势和劣势，以及学习效果的积极和消极方面。在传统教学中，需要在课上讲授的知识现在被翻转到课前，这样，教师在上课时，就能对重点知识讲授得更加细化，更有利于学生学习效果的提高。

教师在翻转课堂的教学设计下，指导学生观看与该章节相关的视频。例如，在剑桥商务英语（中级）Unit 2 branding 的教学中，笔者先让学生在课前自行观看与 branding 品牌相关的视频，如阿迪达斯从原来的运动服拓展到香水和洗发水等，沃尔玛由原来单纯的零售商拓展到自主经营"惠宜"品牌并涉猎金融服务等。这样，学生在上课时能详细了解品牌的拓展知识，从而提高学习兴趣。

（二）翻转课堂在商务英语教学中的劣势

尽管翻转课堂对现存的商务英语教学有很好的辅助作用，但教师课前准备的与该章节相关的视频资料的难易度、与教材内容的切合度，以及视频本身的制作质量，会直接影响商务课堂教学的效果。教师必须加强对学生的学习监管，督促学生在课前认真观看视频并阅读相关的背景资料，以达到更好的教学效果。

翻转课堂能够很好地调动学生的积极性，提高学生对课堂的参与度。但教师对学生学习指导方案的设计和后续学习成效的监督，也制约着翻转课堂在高校商务英语教学中的实践效果。在我国，高校商务英语翻转课堂的教学模式探索尚属初始阶段，我们还应根据教学实践不断改进，推进翻转课堂在商务英语教学中的广泛应用。

第三节 商务英语教学中网络资源的合理开发与运用

随着现代化信息技术水平的不断提高，全球信息资源网络化趋势日益明显，其发展速度非常快，给人们的生活及学习带来了重要影响。在互联网背景下，学生面临新的英语语言学习环境，对网络资源的合理开发与运用，能够有效提高学生的英语语言学习及运用能力，这已成为商务英语教学的重要工作之一。

一、商务英语教学中开发网络教学资源的必要性

第一，书本教学资源包含的信息量非常有限，而商务英语用途比较特殊，涉及的知识面广，商务知识体系比较复杂，这就要求教学信息量必须要大。相较传统的书本教学，资源共享是现代网络教学的突出特点之一。作为商务英语学习者，可以利用互联网优势对自己感兴趣的商务知识进行获取、加工、利用、传递及储存，以此产生浓厚的学习兴趣，且突破时间与空间的束缚，尽可能地将学习内容从课本延伸到课外。

第二，书本教学内容是静态不变的，信息时代是瞬息万变的，各种商务信息及资讯不断出现并更新，必须随时关注。随着互联网技术的广泛应用，公众能够随时掌握最新的商务信息，教学也应顺应时代的发展潮流，确保教学内容具有较强的时效性。

第三，书本教学内容有一定的局限性。互联网是一种世界范围内的综合性网络，包含的文化价值观与社会习俗非常丰富。利用网络技术，学生可以搜罗教材中涉及的某一地区的商务知识，开阔视野，丰富自身的知识结构。

二、商务英语教学的特点

（一）重要的文化背景

文化背景研究对于任何语言学习都是非常重要的，究其原因在于各国语言都是由其自身文化理念衍生而来的。例如，在英美等西方发达国家，尽管英语为其通用语言，但表达方式与发音却不相同，且有些词语被视为禁忌，因此对于商务英语学习者而言，拥有丰富的文化背景知识非常重要，要掌握本土与其他文化间的差异，确保在商务活动中能准确、恰当地运用不同的语言。

（二）涉及面广

作为世界范围内的通用语言，英语是文化的重要载体，自身覆盖面广，包含单词、语法及习惯用语等。因其自身行业范围较广，商务英语涉及的领域非常全面，包含金融、政治、法律、科技及文化等诸多方面，所以商务英语学科知识结构非常复杂，需要不断地积累与学习。

（三）较强的实践性

与一般英语相比，商务英语有较强的实用性，语言表达能力要求高，学习者必须不断提升自身的业务水平与语言表达能力，才能顺应时代的潮流，满足企业对人才的需求。在对外商务交流活动中，商务英语适用于商务谈判、函电及文化交流等活动，因而其使用性强、涉及面广。同时，语言交流与文化的有机融合，为商务合作的成功奠定了基础。

三、商务英语教学中网络资源的作用

（一）利用多媒体技术搜集教学资源

商务英语注重实践，而学生学习商务英语是为了更好地交流与沟通，在商务活动交流中，可以帮助学生更好地发挥自身的商务英语素养，促进商业合作的成功。因此，在实际教学中，要突出其实践性，教师引导学生掌握如何在商务贸易交流活动中正确使用商务英语。同时，教师可利用多媒体技术搜集可供使用的网络资源，为学生模拟相关商务英语应用的真实场景，让学生在身临其境的体验中深入了解商务英语的使用环境与氛围，为日后的工作实践奠定基础。

（二）促进师生间形成良好的互动

在良好师生互动形成的过程中，网络资源的推动作用是非常重要的。在商务英语教学中，教师可以借鉴不同形式的图片、声频及视频等网络资源，丰富课堂教学内容，激发学生的学习兴趣。由于网络资源信息来源渠道多，自身开放性较强，在实际教学中，教师应引入开放性商务英语知识，吸引学生关注并参与讨论，在师生间的思维碰撞中，学生能够深刻了解商务英语知识，形成良好的师生互动，在此基础上营造良好的课堂教学氛围。

（三）培养学生的创新意识与独立能力

在商务英语学习中，学生要及时更新自身的知识结构。随着社会经济的快速发展，科技水平日益提高，新兴商业模式不断出现，因而在商务贸易交流中，应用新型商务英语是不可避免的。只有确保自身知识体系的新鲜性，学生才能顺应时代的潮流而不被淘汰。在课堂教学中，教师不是简单地为学生提供各类新知识，而是提供获得知识的方法，引导学生掌握自主学习方法，在商务应用学习中，这种学习习惯是非常重要的。在课堂教学中，引入先进的网络资源，使得课堂教学内容更加丰富，同时也为学生提供了有效的自主学习工具。通过自主学习现代网络资源，可以提高学生解决问题与自主思考的能力。

（四）学习空间得到拓宽

网络资源不受时间与空间的限制，为学生创造了便利的学习条件，促进学生商务英语素养的提高。由于英语是商务英语语言的主体，这就说明在商务英语研究方面，英语国家优势更加明显。相较于国内，对于商务英语的探究及学习方法的积累，英语国家文化感知更加贴切，其研究成果充分体现了商务英语的地道性。所以，在商务英语学习中，学生要以地道研究成果为主，以此提高学习的专业性。而网络资源则为学生获得学习资源提供了便利的渠道，学生足不出户便可获得地道的与英语国家相关的商务英语读物，以此提高学习效率。

四、在商务英语教学中，网络资源的具体应用

（一）开展英语听力训练

在网络平台上，可随时下载 VOA、BBC 等英语国家原声广播学习资料，还有一些专业英语学习网站，其听力资源非常丰富。慢速及正常语速的英语广播可供不同能力的学生进行听力训练，学生可在网站上搜索到剑桥商务英语考试最新的听力音频，选择面较广，其音质与音效也较好，更适用于学生进行精听训练，还可反复播放，非常方便。此外，在网络平台上，还有很多商务英语视频资料是集声音、图像及动画为一体的，能够减轻学生的听力压力，激发学习兴趣，丰富听力形式，在英语听力训练中，为学生营造的视听环境更加生动具体。

（二）开展英语口语训练

很多高校学生的英语口语水平不高，其中一部分原因是出于自身的羞怯心理，面对外人难以开口讲英语。但在网络平台上，语音聊天室较多，学生可以登录某些专业的语音聊天室进行训练口语，学生的口语应用能力会得到更好的锻炼。师生间还可用英语来讨论某一经济热点或案例，在这个过程中，学生充分表达自己的意见，最大限度地发挥自身的潜能与主观能动性。对于商务英语专业的学生来说，不但要有较强的口语表达能力，在产品介绍及商务汇报活动中，还要有较强的肢体语言能力，而反复地观看、模仿网络平台上成功商务人士的演讲范本，是非常有必要的。

（三）开展英语写作训练

在商务英语学习中，英语写作也是非常重要的。在实际工作中，面对面交流必不可少，而电子邮件的使用频率更高，因而对于商务英语专业的学生来说，写作技能是必不可少。在商务英语写作教学中，教师可以利用网络资源积极创新教学方式，寻找更加贴近生活的商务案例，为学生营造良好的写作情境。例如，让学生根据工作日程写出商务旅行计划，或根据公司网站公布的销售情况写出分析报告，并为了提高销售额提出相关建议等。在商务英语写作中，其句法结构与一般英语相同，只是其背景与遣词不同，同时还要注意语气，进行合理布局。教师可以通过电子邮件为学生安排相关的写作任务并进行回复，可有效激发学生的写作热情，很多学生也认为该教学方式挑战性更高，贴近

实际，且在电脑上写作和修改更加方便，因而学生的写作质量也得到了保障。

（四）进行英语阅读训练

传统的商务英语阅读教材内容比较落后，学生的学习兴趣不高，教师也没有教学热情。而充分利用网络资源后，可有效改善这种局面。在准备商务英语教学素材时，涉及公司业务的专业内容较多，教师要提前登录企业网站了解行业动态，以便为学生营造更加真实的商务情境。很多上市企业会在企业官网中发布财务报表或项目进展报告等，学生认真听教师的讲解，阅读这些真实的专业内容，这对学生来说不但是学习语言的过程，更能够了解行业的动态，可以拓宽思维，激发学习兴趣，从而在潜移默化中，更好地掌握相对复杂的经济术语。

（五）在虚拟商务环境中完成任务

教师应充分利用网络技术优势，为学生营造虚拟的商务环境，并将其贯穿于整个商务课程项目的教学中，以此培养学生的综合能力。这种项目并非单一化任务，而是仿真性较强、对各种能力要求较高，且具有可行性的大型综合性项目，其是由多个具体任务衔接而成的。

五、在商务英语教学中网络资源运用策略分析

（一）利用网络资源创新教学理念与方式

随着现代化信息技术水平的不断提高，现代信息技术与人们的日常生活及工作息息相关，因此教师要积极利用网络资源的优势为学生传授知识。在实际教学中，教师要正确认识互联网技术对商务英语教学的影响，对传统的板书及课本教学模式进行创新，逐步转向以互联网为主的多角度、多元化教学改革中，建立师生共同探讨的课堂教学环境。在新形势下，必须认识到商务英语教学工作改革的重要性。现代商务谈判大多以互联网为平台，而高速、高效及精准的互联网平台则为商务谈判与合作奠定了基础，此种商务活动模式为课堂教学创造了机遇，教师在实际教学中可以充分发挥多媒体软件与现代信息管理系统的作用，创新教学模式。在此基础上，促进师生形成良好的互动与交流，在开放式教学环境下，学生的综合能力将得到提高。

（二）建立商务英语"双创"教学模式

"双创"概念在现代教学中比较常见，主要指创新师生间的教与学的方法。其中，教师教法创新是充分利用现代技术资源变革传统教学手段，如利用多媒体技术替代传统的板书教学。在实际教学中，教师要根据课本理念，与互联网事例相结合，为学生进行相关讲解，以此确保学生的知识结构能满足现代商务交流与合作的需求。学生学法创新主要指学生充分发挥网络资源优势，对现有的学习方法进行优化，例如单词记忆法，学生可选择适合自己的方法，对于与商务英语相关的文化和语言技巧等内容的学习，可在网络资源中得到系统而详细的学习方案。教师可在互联网平台上分享综合文化文档与语言实用技巧整合等内容，为学生的学习提供数据参考。所以，在现代商务英语教学中，利用网络资源建立"双创"教学模式，可以使得教学空间更加丰富，为学生营造逼真的商务教学环境，在此基础上提高学生对商务英语的实际应用能力。

（三）合理创造教学情境

在商务英语教学中，教师要为学生合理创造教学情境、设置疑问，以此有效激发学生的学习兴趣。随着互联网技术水平的日益提高，网络资源更加多元化与多层次，这对师生的参考价值非常重要。在教学中，可充分发挥网络资源的优势，建立更加高效与真实的学习环境，模拟现代商务谈判与合作交流，让学生身临其境地体验商务英语运用与表达技巧，以此提高其综合能力，更好地理解商务英语的运用方式。通过网络资源模拟设计场景，是对传统教学环境的创新，利用多媒体技术实现声像结合，引导学生进入模拟场景，以此激发学生学习兴趣。利用三维影响技术为学生模拟真实的谈判场景，教师合理设置问题，学生以分组形式参与讨论，从而提高学生的自主学习能力。

（四）有效整合校内外教学资源

网络资源具有一定的整合性与分享性，使资源得到扩展，特别是教育工作，各大高校利用网络平台实现资源共享与交流，所以在实际教学中，教师要积极引入网络资源，吸取先进教学经验，创新自身教学模式，促使商务英语教学顺应时代潮流，满足社会发展需求。根据语言的经济属性，商务英语语言环境与现代经济是同步发展与更新的，高校要利用网络平台，积极整合校内外教学资源，促进校企合作，取长补短，制订合理的教学计划，为教师提供教学帮助。此外，利用网络平台，在同一平台上，不同学校的学生可随时进行交流互动，锻炼英语听、说、读、写能力，积极营造良好的商务英语学习氛围。

第四节 词汇学习策略在商务英语教学中的应用

词汇是语言的基础，词汇教学在商务英语教学中占有重要地位。以下从商务英语词汇特点入手，结合词汇学习策略，如元认知策略、认知策略和社会情感策略，探讨如何将词汇学习策略运用到商务英语教学中，以提高商务英语词汇教学的水平。

一、商务英语词汇特点

（一）普通词汇具有商务内涵

语言的使用与环境密切相关。作为一种在商务语境下使用的语言变体，商务英语结合了普通英语和专业英语的特点。英语词汇大多源于普通英语词汇，但又与商务知识密切相关，其内容涉及法律、金融、贸易、保险、管理、旅游和广告等方面。因此，在商务语境里，一些普通词汇的含义发生了变化，具有商务内涵。想要正确掌握商务英语词汇，必须先了解商务英语所涉及商务领域的相关知识，避免造成误解。

例1：If you do not wish to receive electronic statements or notices, reply to this email stating that you prefer to receive a paper statement via U. S. Mail.

"statement"一词通常指"声明、陈述"，而在例1中，它的含义则是"a printed record of money paid, received, etc. "，应译为"对账单"。

例2：You may obtain your current balance information through our Online Banking website.

"balance"一词在普通英语中意为"平衡"，而在例2中则意为"The amount of money in an account"，意为"余额"。

例3：Whenever opening a bank checking or savings account, you can get either a hard pull or a soft pull depending on the bank.

例 3 中出现了两个短语"hard pull"和"soft pull"，很明显，这里的"pull"不再是表示"推、拉"。一般来说，当申请信用卡、办理贷款时，银行或运营商需要了解个人的信用记录，就需要个人授权银行或运营商调取个人的信用报告，这个行为就叫作"hard pull"，而自己检查和跟踪自己的信用分数就叫作"soft pull"。因此，这里的"pull"意为"enquiry"，意思是"调查"。

（二）广泛使用专业术语

商务英语拥有数量可观的专业术语，专业术语在商务环境中应用广泛，具有国际通用性。专业术语多以词块的形式出现，形式搭配固定，用法地道，意思明确。例如，savings account（储蓄账户）、export credit（出口信贷）、prompt shipments（即期装运）、special preferences（优惠关税）、packing list（装箱单）和 cargo loss（货损）等。简明、规范的专业术语的大量应用，给学习者带来了便利，能够快速掌握并熟练运用商务术语，能够有效增强商务沟通能力，提高商务活动的有效性。

（三）大量使用缩略词

缩略词可定义为由一个单词或词组的一部分构成的代表整个单词或词组的词语，其构成方式主要有截词缩略法、谐音缩略法、符号缩略法、变字母缩略法、代号缩略法和外来缩略语。在商务英语中，常用缩略词表达复杂的意义，具有简明扼要、快速有效的特点。这些缩略词常用于国际贸易、金融和国际经济技术合作等领域，在商务语境的交际中起着十分重要的作用。

在商务英语中，常见的缩略词法包括如下几个方面：（1）截词缩略法：Co（company 公司）；（2）谐音缩略法：IOU（I owe you 借条）；（3）符号缩略法：¥（RMB 人民币）；（4）变字母缩略法：LITEK（Light Technology Corp 太阳能公司）；（5）代号缩略法：Z（Greenwich Mean Time 格林尼治标准时间）；（6）外来缩略语：FW（France Sur Wagon 法语货车交货价）。缩略词可以单独使用，也可以与其他词结合起来在句子中使用，如 Please quote us CIF Dalian（请报大连到岸价）。

在贸易实务中，缩略词简明有效地说明了买卖双方在货物交割中的责任、费用和风险划分，从而易于划分交易双方的责任。但因为《国际贸易术语解释通则》修订版本的不同，对于同样的贸易术语，其解释也不尽相同。因此，在对外贸易活动中，买卖双方应注意合同的附加语句，尽量避免因对术语的解读不同而造成的经济损失。

（四）大量使用古体词

商务合同是国际经贸活动中的一种基本的经贸文件。商务合同英语要求对交易双方的权利、义务和责任进行直接而明确的规定和划分，因此其所追求的不是语言的艺术美，而是思维的缜密性、逻辑的严谨性和表述的规范性。其措辞必须遵循准确、严谨、简明、正式的特点，以确保商务合同内容的真实性，并具有法律效力。

古体词是具有正式文体风格的词，尽管古体词在现代英语口语和书面语中很少使用，但在商务合同或是法律文书中却大量使用，这充分体现了商务英语合同庄重的文体风格。古体词的使用不但可以避免用词重复，还可以使句子更加言简意赅。常用的古体词一般是由 here、there、where 等副词分别加上 in、on、to、of、at、by、after、upon、under 和 with 等一个或几个介词，共同构成一个整体的副词。

（五）商务英语新词层出不穷，构词方式多样化

商务英语作为一门综合类语言学科，与当今世界的政治、经济、文化和科技活动紧密相连，并随着时代的发展而发展。许多反映当代世界经济发展的新理念、新产品和新运营方式的词汇不断涌现出来，具有很强的时代特征。商务英语词汇的构成方式主要有三种，即转化、派生和合成法。其中有很多词汇是随着商务活动的发展，人们利用构词法创造出来的。

1.转化法

e-mail someone 给某人发邮件（e-mail 由名词转化为动词）

google something 利用谷歌浏览器搜索（google 由动词转化为名词）

account login 账户登录（log in 由动词短语转化为名词）

2.派生法

e-statement 电子对账单

e-money 电子货币

cyber-criminal 网络犯罪

cyber-payment 电子支付

3.合成法

account balance 账户余额

insurance policy 保险单

mail order 邮购订单

unemployment benefit 失业救济金

二、词汇习得策略在商务英语词汇教学中的应用

（一）元认知策略

语言学习策略一般包括三大类，即元认知策略、认知策略和社会情感策略。元认知是任何调节认知过程的认知活动，是认知主体对自身心理状态、能力、任务目标和认知策略等方面的认识。元认知策略是一种高级的执行性技巧，学习者利用认知处理的知识，通过对语言学习的规划、监控和评估等手段，来调节语言学习，是一种典型的学习策略。

笔者在长期的教学中发现，商务英语专业低年级的学生在词汇学习方面存在很多问题：他们在词汇学习中缺乏主动性，被动地跟着老师在课堂上学习单词；他们缺乏对商务知识的积累，不了解商务英语词汇和普通词汇的区别，缺乏自主学习的能力；鲜少有学生主动根据自身的词汇水平制订详细的学习计划，并在学习中不断调整策略，检测词汇习得的效果。词汇学习不是一蹴而就的，需要科学的方法和持之以恒的学习态度。因此，词汇学习应该有计划、有步骤地进行。教师应该在教学中有意识地向学生灌输元认知策略，并在教学中对学生进行元认知策略的培训。

第一，教师可以采取词汇测试的方式，让学生对自己的商务英语词汇水平有个初步的认知，帮助学生了解自己的词汇水平，向学生灌输商务英语词汇学习的重要性。

第二，采取系列讲座的方式，向低年级学生介绍商务英语词汇的特点，强调商务语境，增强学生的商务意识，拓展商务思维。

第三，引导学生根据自己的词汇水平确定学习目标、制订具体的学习计划。（1）要求学生提前预习新词汇。在商务英语中，大量使用专业术语，且内容涉及广泛，这就要求学生在课前做好充分的准备工作，查询相关的商务背景知识，在商务语境中学习词汇。（2）要求学生在课后及时复习所学的新词汇，通过大量的词汇练习来增强记忆。（3）要求学生记录每周学习词汇的时间，确保商务英语的浸泡时间。（4）每周进行一次随堂词汇小测试，检测词汇学习的效果，不断调动学生学习词汇的积极性和主动性。（5）教师可以利用不定期与学生座谈的方式，及时了解学生的学习进展，引导学生不断反思、评价和调整学习策略，以达到既定目标。

（二）认知策略

认知策略是学习者对学习材料的应对和学习中出现问题的解决。在实际教学中，笔者发现很多低年级学生对商务英语词汇的特点知之甚少，更是缺乏有效的应对策略来解决学习中遇到的问题。认知策略的缺失，使得这些学生在词汇学习中长期处于被动、消极的状态。

1.使用商务英语辞典

笔者在教学中发现，能够主动使用商务英语辞典的低年级学生少之又少，很多学生将商务词汇和普通词汇混为一谈，在翻译中频频出现误译。商务英语词汇广泛使用专业术语，很多术语用普通的英语辞典是查不到的，因此教师应当要求学生使用商务英语辞典，准确了解词汇的商务含义和商务语境。

2.多种方法记忆词汇

虽然已是商务英语专业的本科生，可是大部分学生还是沿用从小学到高中的词汇学习策略：大声朗读，在纸上反复书写。这样的方式貌似科学、刻苦，实则收效甚微。商务英语构词方式复杂多样，学生们还可以借助近义词、反义词、构词法和联想法来记忆单词，而不只是死记硬背。

3.注重商务英语词块的学习

在商务英语中，专业术语大量使用，且多以词块的形式出现，熟练掌握并准确使用这些商务英语中常出现的大量固定或半固定的语言结构，能够使学生避免在商务英语写作中出现的表述不专业、搭配不地道等多种问题，有效提高商务英语写作的准确性和流畅性。

4.增加阅读量

阅读是积累词汇的重要手段。随着经济的发展和科技的日新月异，商务英语新词不断涌现，因此大量阅读商务英语方面的报纸、杂志等，增加商务英语的浸泡时间，是拓展词汇量，获取商务知识的有效途径。

5.模拟商务情景

商务英语是一门实用性很强的英语。商务英语的词汇只有在商务语言环境中，才能得到有效操练。全英的商务场景能让学习者进入实战状态，感受真实的商务场景和氛围。在模拟的商务场景，如商务谈判、商务会话、商务用餐等情景中，学生的信息输入和输出依赖于平时积累的大量商务词汇，这能有效地提升学生的语言交际能力和商务沟通能力。

6.商务信息输入的多样化

课本只是词汇习得的媒介之一,学生可以通过一些商业新闻视听渠道,如 BBC、CNN、VOA 等积累词汇。这些媒体、网站中的真实鲜活的视听材料不仅可以增加词汇学习的趣味性,还可以使学生了解和接触到最新的商务词汇。

(三)社会情感策略

社会情感策略包括合作、提问已达到澄清的目的、减低焦虑程度、自我鼓励等策略,如与同伴一起学习单词,向老师请教问题等。在商务英语教学中,为避免词汇学习的枯燥乏味,教师可以设计词汇学习的小游戏或者组织词汇比赛,以小组为单位进行。学生也可以采用分组讨论、互相提问的方式,一起学习词汇。这种互相合作的学习方式能够缓解学生在课堂上的紧张情绪,创造轻松愉快的学习氛围。在教学中,教师可以采用多媒体教学法,通过视、听、说等多种手段教授词汇,给学生提供更多"输出"词汇的环境,向学生提供表达"输出"能力的机会,引导学生进行语言实践。这些活泼、开放的学习模式,能够充分调动学生学习词汇的积极性,提高学习兴趣,有效避免了词汇教学中的枯燥乏味。此外,这种互相协作完成任务的方式有助于培养和增强学生的沟通和交际能力,这也是合格商务人才必备的专业素养。

商务英语词汇教学在商务英语教学中占有重要地位,应该给予充分的重视。然而在实际教学中,很多教师更加注重商务知识的输入,忽视了词汇的教授。长此以往,学生词汇学习策略匮乏、效率低下,这直接影响到学生的商务阅读能力和交际能力。授人以鱼不如授人以渔,教师应将词汇学习策略融入商务英语教学当中,夯实商务英语的教学基础。

第五节 商务英语教学中案例教学法的应用

案例教学法是经济管理学科教学中的教学方法,它主要起到激发学生学习兴趣的作用。案例教学法在经济管理领域的应用效果十分显著,并逐渐发展到其他领域。案例教学法在商务英语学科中的应用，对英语教学方法的改革起到了推动的作用，也有效调动了学生的积极性，促进了学生学习成绩的提高。

一、案例教学法的含义

案例教学法是一种以案例为基础的教学法。案例从字面意义上来理解，就是"案例实例"，它是指在具体情境下发生的典型事件。案例中的典型事件的本质是提出一种教育的两难情境，没有特定的解决之道，需要教师在教学中扮演设计者和激励者的角色，鼓励学生积极地参与和讨论。

案例教学是一种开放的、互动的新型教育方法，通常案例教学要先经过周密的策划和准备，需要学生对案例进行分析和判断，并组织学生展开讨论，形成反复的互动交流。案例教育法重视学生的实践能力与思维能力，在一定的理论基础上达到启迪思维的作用，是一种综合了启发性和实践性的新型教育法。

二、案例教学法在商务英语教学中的应用

商务英语我们理解为在商务场景下所应用的英语，具有很强的实践性。案例教学法强调学生的主观能动性，变知识为力量。案例教学法主要包括四个环节，即案例准备、策划分析、案例总结和案例报告撰写。在商务英语课堂，要活用案例教育法的各个环节，才能更好地调动学生的积极性，主要体现在以下几个方面。

（一）精心选择商务英语课堂中的案例

选择恰当的案例，可以帮助调动商务英语的课堂气氛。选择的案例必须具有真实性和典型性特征，选择有代表意义的案例也是教学任务取得成功的关键，真实的案例不仅具有普遍意义，而且对缺乏商务背景知识的学生来说有很强的实践性。教师要根据案例教学法及商务英语的特点，合理规划教学的各个环节。当我们将商务英语教学与案例教学法相结合时，就会针对两者的特点对课堂进行一种合理的规划，将一个完整的教学课堂划分为几个部分，使商务英语课堂的脉络更加清晰，更利于学生的接受。

（二）商务英语课堂中策划分析的运用

在商务英语课堂上，运用案例教学法中的策划分析的目的是通过分组讨论的形式，激发学生的积极性，并努力去完成课堂任务。在小组讨论中，每个学生都可以表达自己的看法，可以充分调动学生们的积极性。教师不仅要解答学生遇到的一些问题，而且要对讨论中出现的知识错误及时纠正。鼓励学生用英语进行讨论，这样不仅可以提高学生商务英语的口语能力，而且可以巩固学生的英语知识基础。

（三）对商务英语教学的课堂内容进行总结

在学生讨论商务英语案例时，学生会暴露出自己知识上的不足，所以在课堂讨论结束后，教师可以让学生对这次商务英语课堂教学内容以英文的书面形式进行总结。在学生上交总结后，教师及时指出学生学习过程中的不足和改进方法。对商务英语教学课堂进行总结，及时弥补不足，可以促进教学效果的提升。

（四）通过案例教学法提升商务英语课堂的教学内容

教师应根据学生在商务英语课堂中的表现，总结自身在教学方面的不足，了解学生在知识方面的欠缺点。如果说案例教学法的思维是发散的，那么教师把案例教学归纳总结成课堂教学的重要组成部分，就是一个消化、提升的过程，可以说是整个商务英语教学的点睛之笔。

（五）注重案例教学法与其他教学法的相互联系

案例教学法在一定程度上弥补了情境缺失的问题，这也是案例教学法在商务英语教学中取得较为理想效果的原因。商务英语具有语言与专业知识紧密结合的特点，以培养学生语言能力和专业技能为教学重点，但也不可忽略传统教学方法的积极作用。只有打好理论基础，才能进行有效的实践，只有把传统教学法中的优点与案例教学法结合使用，才能将商务英语教学的效果推向最大化。

案例教学法在商务英语教学的应用，可以说是一种教育理念的转变。它不同于传统教育法的以老师为主、学生为辅的教育模式，而是更加注重理念与实际的结合，偏重培养学生的语言运用能力和自主学习能力。但是案例教学法也不能完全取代传统教学法，应该在分析各种教学方法的基础上，扬长避短，更好地运用于商务英语教学，从而培养出高素质的商务英语人才，满足社会的需要。

第六节 形成性评价在商务英语教学中的应用

教学评价为课程教学的主要内容，这不但是教师获得反馈信息、改进教学水平、确保教学质量的基础，而且是学生改进学习方法、改正学习习惯与提升学习效率的有力措施，其对教学活动顺利展开具有宏观调控作用。

教学评价大致分为形成性评价与终结性评价两方面。形成性评价以学习作为最终目标，重视学习过程；终结性评价的典型内容是规范化考试。因为教学结果与同教学过程密切相连，所以应当把形成评价作为所有评价工作中的关键来看待。但现如今，我国的商务英语教学普遍以终结评价为主要内容，虽然该评价方式存在不可忽视的优点，但其对激发学生学习热情而言却没有过多好处。而适当运用形成性评价，可有效弥补上述不足，辅助教师及时、高效地对反馈信息加以接收，有效改善教学手段，提高教学效率。

一、商务英语教学中应用形成性评价的重要性

（一）有利于提高商务英语教学水平和质量

教师将形成性评价模式融入商务英语教学中，能够有效地提高商务英语教学的水平和质量。在传统应试教育理念中，教师侧重于对学生进行英语知识的讲授，对学生能力、态度和价值观等的培养却有所忽视，以"灌输式""填鸭式"的教学模式为主，学生难以充分发挥自身的主观能动性，容易促使学生产生厌学情绪。教师在教学过程中重视对形成性评价模式的引用，通过积极有效地改进自身教学过程中的不足，及时调整课堂教学计划，能够有效地提升商务英语课堂教学的艺术性，减轻学生的学习压力，实现师生的双向发展与全面互动。同时，将形成性评价模式融入商务英语教学中，还可以有效地提升学生的商务英语学习水平和效率，实现教学效果的最大化。

（二）英语课堂评价变革必然趋势

我国很多教育学家都认为新英语课堂评价在关注学生技能、知识掌握程度的同时，更要关注学生掌握技能和知识方法的过程，以及相应的情感认知与价值观等。应积极调动评价激励的作用，增强学生的学习自信心动。在综合评价阶段，学生也可以有效参与进来，教师对学生的评价要努力由终结性评价过渡到形成性评价。从此不难发现，在商务英语教学中应用形成性评价模式是英语课堂评价变革的必然趋势。

（三）有利于加快素质教育体制改革的进程

在商务英语教学过程中注重对形成性评价模式的应用，有利于加快素质教育体制的改革进程。现阶段，在素质教育体制全面改革的时代背景下，我国商务英语教学体系以培养社会应用型人才作为主要目标，而该目标的全面贯彻落实除了具有对学生进行素质培养、能力提升和实践能力强化的作用，也是践行我国素质教育的重要方略。以素质教育为基础培养学生的自主学习能力，提高英语学习的积极性，鼓励学生勇敢、主动地去接触英语，战胜对英语学习的恐惧，由此实现英语水平的提高。而要想实现上述目标，合理引入形成性评价模式无疑是时代发展的必然，是相关教育人员工作任务中的当务之急。同时，教育体制还是教育实践的理论框架，教育实践是教育体制的形式载体，在商务英语教学中恰当地应用形成性评价模式，可以进一步促进教育体制改革，推动教育改革的长远发展。

二、形成性评价在商务英语教学中的应用途径

高校开展商务英语教学，在内容层面，不仅要求学生掌握英语基础技能，还要掌握商贸等知识；在学生能力培养层面，不仅要强化学生的英语书面表述能力，而且要有流畅的口语表述能力，也就是要求学生在实践能力方面也不能弱化。按照该原则，借助形成性评价的有关内容，将该模式引入商务英语教学中以提升教学效率，有效摸索出一套更加先进科学的教学方法。

（一）注重评价形式的多样化，提高学生学习的自主性

当前，在我国商务英语教学中，还大量采取期中+期末考试的方式，但是这种方式

并未让学生形成自主学习的习惯，反而让有些学生产生厌恶学习的情绪，出现逃课、旷课现象，对待考试也是一种应付状态。有些教师为了解决这个问题，提出课堂提问或课堂点名等形成性评价模式，但因其随机性是不可控的，而且缺少持续性，所以这种做法是治标不治本的。因此，以期末考试为基础，采取多样化的评价形式，将课堂出勤和表现等都作为考察点，来综合掌握学生的学习情况，才可以激发出形成性评价的整体价值。

（二）提倡非测试评价方式，提高学生的参与热情

为了更好地利用形成性评价，提倡不采取测试评价的方法。提问方法是拥有丰富阅历的教师常用的方法之一，能促进学生全神贯注于课堂；小组讨论也是一种相对灵活的评价措施，将学生按小组进行划分，教师所提的问题先经过小组讨论，学生借助英语语言阐明自身的观点，接下来教师再对不同观点进行归纳汇总、做出最终评价；课堂笔记需要学生阅读以往的商务案例，用英语标出阅读心得和重难点；情境创设是先经教师将场景设计出来，安排学生饰演不同的角色，学生置身于此情景中做虚拟交流，该教学模式是有较深远意义和实际意义的，对学生未来走入社会也很有帮助。以往的很多案例也证实，采取灵活、生动的教学模式，对学生具有寓教于乐的效果。而案例模式的成绩评估，可以结合自我评价、生生互评、教师总评的办法，实效性会更高一些，学生的认可与配合度也会更高。

（三）采取自我评价与问卷调查的辅助评价方法

为了将高校学生培养成为国家与社会所需之才，就要努力提高学生的自学能力，在形成性评价模式中，学生自评是提升学生自学能力的非常有效的手段。在网络时代下，很多高校通过建立网络教育平台，给学生创造了更多的学习便利条件，学生可以在输入学号后查找自身所需的资料，学习平台也会储存学生的学习状态数据。在学期末时，学生与教师可以通过查找平台数据来确立评价依据，展开相应的自评与总评。

在具体的评价过程中，教育学家与众多学者还注意到，因为在商务英语中存在一些很难定性与量化的人为元素，教师应考虑采取访谈、问卷调查等方法，对学生的能力提高情况进行评价。通过访谈与问卷调查等活动，教师对学生的学习过程有了更加深入的了解，并对学生学习过程中产生的问题提出针对性的解决方法，这可以为学生营造健康的学习环境。所以，在实际评价时，教师应对所有评价对象一视同仁，创造平等的评价环境，让学生在身心愉悦的状态下学习，让学生了解评价标准与指标，在学习商务英语

的过程中进一步做好自我评价。

综上所述，评价是英语教学的核心内容，对提升商务英语教学效果的作用十分明显的。但现如今，我国一些高校的商务英语评价还是以终结式评价为主的，产生了只重结果、不重过程、本末倒置的现象。因此，高校商务英语教师应当积极变革当前的教学思想与教育方式，构建起一套行之有效的评价系统，根据学生的具体学习情况，帮助学生通过科学的学习方式，不断掌握与加强商务英语知识基础与应用技能，并创造出符合我国国情的商务英语教学形成性评价模式。

参 考 文 献

[1]刘润清. 外语教学中的科研方法[M]. 北京：外语教学与研究出版社，1999.

[2]蒋祖康. 第二语言习得研究[M]. 北京：外语教学与研究出版社，1999.

[3]杨坚民. 科技英语教学研究文集[M]. 上海外语教育出版社，1994.

[4]胡文仲. 跨文化交际概论[M]. 北京：外语教学与研究出版社，1999.

[5]杨惠中. 语料库语言学导论[M]. 上海：上海外语教育出版社，2002.

[6]何安平. 语料库语言学与英语教学[M]. 北京：外语教学与研究出版社，2004.

[7]张道真. 实用英语语法[M]. 北京：外语教学与研究出版社，1995.

[8]王慧盛，王静，赵磊，等. 广告英语的多维度分析[M]. 北京：对外经济贸易大学出版社，2007.

[9]鲍文. 商务英汉/汉英翻译深论[M]. 北京：国防工业出版社，2012.

[10]李刚，李兵. 商务广告英语的语言特点及翻译策略（第二版）[M]. 广州：世界图书出版广东有限公司，2013.

[11]李太志. 商务汉英语言文化对比分析与翻译[M]. 北京：国防工业出版社，2013.

[12]秦亚青，何群. 英汉视译[M]. 北京：外语教学与研究出版社，2009.

[13]张京鱼，吴玺. 大数据对英语教学的影响——论在英语教学中大数据的应用[J]. 当代教师教育，2016，9（1）：43-47.

[14]林晓纯. 任务驱动教学法在商务英语专业中的应用[J]. 湖北经济学院学报（人文社会科学版），2012，9（8）：203-204.

[15]温招英. 跨境电商背景下高职商务英语专业人才培养模式研究[J]. 延安职业技术学院学报，2017，31（1）：71-73.

[16]张小莉. 跨境电商背景下商务英语人才需求与教学模式研究[J]. 湖北函授大学学报，2017，30（13）：168-170.

[17]李宪雄. 互联网+的跨境电商课程模块教学探究[J]. 广东技术师范学院学报，2016，37（6）：133-140.

[18]向继霖. 跨境电子商务活动中的商务英语教学研究[J]. 教育现代化，2018，5（35）：74-75.

[19]顾忆华. 基于 CBI 教学理念的高职高专 ESP 教学模式探讨[J]. 外国语文，2011，

27（5）：134-137.

[20]曹秀平. 基于 CBI 教学理念医学院校研究生 ESP 教学探索[J]. 继续教育研究，2016（8）：111-113.

[21]刘金龙. 科技英语：文体、范式与翻译——方梦之《英语科技文体：范式与翻译》评述[J]. 中国翻译，2012，33（4）：57-61.

[22]刘士新. 浅谈商务英语的语言特性——以水产贸易英语为例[J]. 黑河学院学报，20112（1）：79-82.